SABEDORIA E NEGÓCIOS

ADMINISTRAÇÃO SEGUNDO A BÍBLIA

MÉTODOS DE GESTÃO QUE NÃO ENVELHECEM

STEVE MARR

TRADUZIDO POR
ELISABETH GOMES

Editora Mundo Cristão
São Paulo

Administração segundo a Bíblia
Categoria: Gestão e Liderança / Inspiração

Publicado originalmente por Baker Book House Company, Michigan, EUA.

Título original: Business proverbs
Gerência editorial: Silvia Justino
Preparação de texto: Omar de Souza
Revisão: Rodolfo Ortiz
Supervisão de produção: Lilian Melo
Capa: Douglas Lucas
Imagem: Photocom

Os textos das referências bíblicas foram extraídos versão Aldmeida Revista e Atualizada, 2ª ed. (Sociedade Bíblica do Brasil), salvo indicação específica.

Dados Internacionais de Catalogação na Publicação (CIP)
(Câmara Brasileira do Livro, SP, Brasil)

Marr, Steve

Administração segundo a Bíblia / Steve Marr; traduzido por Elisabeth Gomes. — São Paulo: Mundo Cristão, 2006.

Título original: Business proverbs.
Bibliografia
ISBN 85-7325-432-7

1. Ética empresarial 2. Regra de ouro 3. Integridade 4. Sucesso em negócios I. Título.

06-1594 CDD–174.4

Índice para catálogo sistemático:
1. Ética empresarial 174.4

Publicado no Brasil com a devida autorização e com todos os direitos reservados pela:
Associação Religiosa Editora Mundo Cristão
Rua Antônio Carlos Tacconi, 79 — CEP 04810-020 — São Paulo — SP — Brasil
Telefone: (11) 2127-4147 — Home page: www.mundocristao.com.br

Editora associada a:
- Associação Brasileira de Editores Cristãos
- Câmara Brasileira do Livro
- Evangelical Christian Publishers Association

A 1ª edição foi publicada em maio de 2006, com uma tiragem de 3.000 exemplares.

Impresso no Brasil

10 9 8 7 6 5 4 3 2 1 06 07 08 09 10 11 12

Para minha esposa Mary, cujo amor, encorajamento e amizade tornaram possível escrever *Administração segundo a Bíblia.*

A administradora do meu lar.
Para que possamos aplicar todos os ensinamentos deste livro em nossas vidas.
Bjs. 20/02/08

Introdução

Participar hoje do mercado de trabalho significa gastar no emprego grande parte das horas em que se está acordado. *Administração segundo a Bíblia* foi escrito para ajudar os que trabalham em todos os níveis de uma organização, desde o proprietário, diretor executivo ou gerente, até o empregado recém-contratado. Cada página contém informações baseadas em princípios que se aplicam à maioria das circunstâncias de trabalho, oferecendo alguns conselhos práticos de forma simples.

No começo de minha carreira, recebi de meu pai uma sólida ética empresarial. Aprendi a maior parte das lições sobre negócios na própria experiência, acertando e errando. *Administração segundo a Bíblia* é um livro planejado para fazer aplicações práticas ao trabalho com a autoridade das Escrituras. A Bíblia ainda é a melhor fonte de inspiração para bons empreendimentos.

O texto bíblico básico para este livro se encontra em Josué 1:8, que nos lembra que a Bíblia Sagrada ainda oferece a sabedoria necessária para todo aspecto de nossa vida, incluindo o tempo que gastamos trabalhando. Muitos empresários buscam a sabedoria antiga para confrontar um mundo de negócios cada vez mais competitivo na busca do sucesso.

No Antigo Testamento, o rei Salomão, mais conhecido por construir o grande templo de Jerusalém, tornou-se o homem mais sábio na história da humanidade. Era também um administrador extraordinário. Enquanto completava vastos projetos e expandia seu reino, manteve a paz com seus vizinhos. A rainha de Sabá visitou a Salomão e aprendeu que a Escritura era a base de suas realizações e da imensa riqueza. No fim, ela deu glória ao Deus de Israel por tudo que observara.

Devemos ler, entender e adotar princípios bíblicos para os negócios em nosso ambiente de trabalho hoje. Ler cada página, digerir a Escritura e aplicar os princípios de *Administração segundo a Bíblia* certamente enriquecerá o seu desempenho no trabalho. Seus clientes, empregados e gerentes experimentarão maior eficácia no trabalho. Quando outras pessoas observarem a melhora, dê ao Senhor a glória!

Você pensa na concorrência antes de iniciar um novo empreendimento?

Qual é o rei que, indo para combater outro rei, não se assenta primeiro para calcular se com dez mil homens poderá enfrentar o que vem contra ele com vinte mil?
Lucas 14:31

O princípio bíblico de "calcular o custo" se aplica tanto a situações de negócios quanto a decisões espirituais. Quando lançamos um novo empreendimento ou expandimos um negócio atual, é necessário avaliar primeiramente a concorrência existente, como também a que mais tarde entrará na luta.

Devem ser respondidas as seguintes perguntas-chave: Tenho capital suficiente para iniciar e sustentar meu novo produto ou serviço? Entendo o seu lugar no mercado? Posso enfrentar a concorrência? Tenho condições de manter a qualidade e o nível de serviço necessários? Posso oferecer o que meu cliente deseja?

Cada circunstância será diferente, mas todo novo empreendimento exige uma cuidadosa análise da própria capacidade do empreendedor e da realidade do mercado. Não seja pego de surpresa. Calcular o custo antes de começar evitará erros dispendiosos.

Com medidas de prudência farás a guerra;
na multidão de conselheiros está a vitória.
Provérbios 24:6

Você cuida dos pequenos problemas antes que eles se tornem grandes?

Qual é a mulher que, tendo dez dracmas,
se perder uma, não acende a candeia, varre a casa
e a procura diligentemente até encontrá-la?
Lucas 15:8

Um ditado popular no mundo empresarial de hoje é: "Não ligue para as pequenas coisas". Se perdemos um lance, damos de ombros; se perdermos um cliente... bem, ele dava muito trabalho... Infelizmente, se permitirmos esta atitude, as pequenas perdas se transformarão em grandes problemas, e o que sofre é nossa empresa.

Um princípio que está em contraposição a "não ligue para as pequenas coisas" é: "Cuide das coisas pequenas, e as grandes se resolverão por si". Se as pequenas perdas são inaceitáveis — quando cuidamos ao primeiro sinal de problemas, e não desistimos até ver a solução —, as pequenas perdas não terão oportunidade de crescer.

Aja imediatamente! Telefone para o cliente que perdeu e ganhe-o de volta. Cobre mais uma vez para receber a conta atrasada. Ao adotar o princípio de "cuidar das pequenas coisas", o sucesso vem em seguida.

Livra-te, como a gazela, da mão do caçador e,
como a ave, da mão do passarinheiro.
Provérbios 6:5

Você realmente se preocupa com a qualidade do serviço ou produto que oferece?

Poderei eu inocentar balanças falsas e bolsas de pesos enganosos?
Miquéias 6:11

Numa época em que as empresas cortam verbas e pessoal, elas também podem sentir a tentação de cortar também na qualidade de produtos e serviços. É possível pensar até que estamos seguindo o ensinamento cristão sobre a alimentação saudável e a mordomia sábia — a não ser que tenhamos enganado diretamente o freguês — quando tentamos receber o melhor retorno possível de nosso investimento.

Sempre que falhamos em servir plenamente ao consumidor ou oferecemos menos do que nosso melhor produto ou serviço, estamos usando "balança enganosa". Sempre que enviamos deliberadamente um produto que não é de primeira qualidade ou não nos esforçamos ao máximo em favor do cliente, usamos medidas enganosas.

Deus não abençoa tais empreendimentos. Na verdade, ele adverte: "Comerás e não te fartarás (...) removerás os teus bens, mas não os livrarás" (Mq 6:14).

Quando oferecemos ao cliente todo dia o melhor, com tudo o que ele tem direito, Deus abençoa nosso esforço, e habitaremos "no meio da terra fértil" (Mq 7:14).

Dois pesos são coisa abominável ao Senhor,
e balança enganosa não é boa.
Provérbios 20:23

Você comunica com clareza sua visão empresarial aos funcionários?

O Senhor me respondeu e disse: Escreve a visão, grava-a sobre tábuas, para que a possa ler até quem passa correndo.
Habacuque 2:2

O professor Howard Hendricks, do Seminário Teológico de Dallas, faz este comentário simples sobre liderança: "Olhe para trás. Se ninguém o estiver seguindo, você não está liderando; apenas passeando". Como empresários ou gerentes, se falhamos em comunicar adequadamente a visão da empresa aos funcionários, não será nenhuma surpresa se eles não seguirem nossa liderança.

Você lidera ou está só passeando? A visão de sua empresa já foi elaborada por escrito e comunicada com clareza a cada funcionário? Os gerentes têm a responsabilidade de garantir que todo membro da equipe entenda a missão, a visão e a direção da empresa. Os líderes de equipe devem praticar o que pregam, colocando em ação a visão para que outros possam seguir o exemplo.

Quando a equipe toda abraça a visão, começa a correr com maior entusiasmo, unidade, eficiência e propósito. Os serviços são aprimorados, os clientes logo notam que sua equipe está mais motivada e focada e as vendas e os lucros aumentam.

Dá instrução ao sábio, e ele se fará mais sábio ainda; ensina ao justo, e ele crescerá em prudência.
Provérbios 9:9

Você administra bem sua empresa ou ela está cheia de dívidas?

Não se levantarão de repente os teus credores? E não despertarão os que te hão de abalar? Tu lhes servirás de despojo.
Habacuque 2:7

Embora a Bíblia não proíba empréstimos, ela recomenda cautela no uso do crédito devido aos encargos que ele impõe. Quem deve se sujeita aos credores. Ainda assim, muitos empresários acreditam precisar de dinheiro emprestado para financiar a expansão de seus negócios, cobrir despesas cotidianas ou para os gastos de capital.

Antes de assinar um pedido de empréstimo, analise com cuidado cada dívida. Faça a você mesmo as seguintes perguntas: Se todos os empréstimos fossem cobrados hoje, como eu honraria esses compromissos? Tenho capacidade de pagar todas as minhas dívidas? Se você deve mais do que o valor de seu patrimônio, é provável que a resposta seja "não".

Se você conclui que não teria condição de pagá-las caso fossem cobradas de imediato, significa que está devendo demais. Cuidado: os credores aparecem de repente, no pior momento. Nesta hora, você descobre que não é mais dono de sua empresa — ela está nas mãos daqueles a quem deve.

Quem fica por fiador de outrem sofrerá males, mas o que foge de o ser estará seguro.
Provérbios 11:15

Seus funcionários estão motivados?

Procura conhecer o estado das tuas ovelhas e cuida dos teus rebanhos, porque as riquezas não duram para sempre, nem a coroa, de geração em geração.
Provérbios 27:23,24

Como o pastor depende da qualidade de suas ovelhas para seu sustento, o empresário depende dos funcionários para oferecer bons serviços aos clientes, trabalhar com honestidade e zelar pelo patrimônio. Se estiverem insatisfeitos, como servirão os clientes?

Observe o grau de motivação de seus funcionários. Seus funcionários demonstram uma atitude positiva para com você e uns para com os outros? Cumprimentam os clientes com simpatia e cordialidade? Fazem o possível para realizar o trabalho com a máxima qualidade? Seus clientes sentem que estão sendo bem servidos?

A passividade pode ser mortal, especialmente quando os negócios vão bem. Não fique tempo demais dentro do escritório. Saia. Dê uma volta pelos escritórios, pela loja, pelo galpão ou pela fábrica. Verifique como estão seus funcionários. Dê o exemplo, demonstrando uma atitude positiva. Comente as atividades que eles executam e elogie-os quando fizerem um bom trabalho. Funcionários que se sentem valorizados reagem dando o melhor de si.

Funcionários felizes geram clientes satisfeitos, e consumidores satisfeitos geram crescimento para a empresa.

O coração alegre aformoseia o rosto, mas com a tristeza do coração o espírito se abate.
Provérbios 15:13

Quando a empresa enfrenta grandes problemas, você é sincero com os funcionários?

Então, lhes disse: Estais vendo a miséria em que estamos.
Neemias 2:17

Quando a adversidade atinge a sua empresa, seja sincero e franco com os funcionários. Explique a situação e comunique sua disposição de encontrar uma solução em conjunto. Afinal, não é só você ou a empresa que está sofrendo.

Resuma o problema de modo que todos entendam e discutam possíveis soluções. Peça sugestões e idéias, permitindo que cada funcionário ajude. Esclareça os papéis e as responsabilidades dentro do esforço de recuperação, enfatizando a importância da comunicação e do trabalho em equipe.

Quando todos entendem a situação — e o que podem fazer para ajudar —, serão capazes de cooperar e trabalhar juntos para colocar as coisas em ordem. Se você for franco e sincero quanto ao problema, se surpreenderá com o resultado: trabalho de equipe e camaradagem.

Em todo tempo ama o amigo, e na angústia se faz o irmão.
Provérbios 17:17

Os clientes se sentem bem quando visitam sua empresa?

Procura conhecer o estado das tuas ovelhas e cuida dos teus rebanhos, porque as riquezas não duram para sempre, nem a coroa, de geração em geração.
Provérbios 27:23,24

Avalie as instalações de sua empresa. Tem certeza de que causará boa impressão aos clientes? Ninguém gosta de fazer compras numa loja caindo aos pedaços ou entrar em um escritório em desordem. O depósito sujo ou a fábrica desorganizada levanta dúvidas quanto à qualidade do produto que sai dali. Quando o cliente entra, ele fica bem impressionado ou horrorizado com o que vê?

Separe um tempo para dar a volta em sua empresa com um bloquinho nas mãos, anotando as coisas que precisam de limpeza ou organização. Tire as coisas inúteis das paredes, lave as janelas, certifique-se de que o chão está limpo e os corredores estão desimpedidos. Leve os arquivos antigos para o depósito e livre-se de equipamentos e escrivaninhas que não estão sendo usados.

Descubra meios de tornar sua empresa mais atraente para os clientes sem gastar muito. Pinte o local. Limpe os carpetes. Melhore o aspecto de sua empresa e perceberá, surpreso, a reação positiva de seus clientes.

Nem a coroa [dura] *de geração em geração.*
Provérbios 27:24

Seus clientes estão sempre satisfeitos?

Procura conhecer o estado das tuas ovelhas e cuida dos teus rebanhos, porque as riquezas não duram para sempre.
Provérbios 27:23,24

Um pastor sábio conhece um bom pasto, água fresca e proteção para suas ovelhas. No mundo dos negócios, as necessidades dos clientes nem sempre são tão evidentes. Cuidado para não achar que, se não se queixam, é porque estão felizes e satisfeitos.

Nada substitui a resposta direta dos clientes para entender o que querem e esperam de sua empresa. Dedique tempo para telefonar, não apenas para averiguar o grau de satisfação atual, como também para saber que novos produtos ou serviços eles desejam. Ouça as preocupações dos clientes e desenvolva um método organizado de atender essas necessidades.

Se a maioria de seus clientes é atendida no balcão ou na mesa, como em um restaurante, saia do escritório e junte-se a eles. Peça-lhes opiniões e sugestões, e coloque-as em prática. Esteja alerta para novas idéias que eles venham a sugerir.

No mercado de hoje, os consumidores vão aonde suas necessidades são atendidas. Não durma no ponto, nem deixe a competição tirar os seus melhores clientes.

Um pouco para dormir, um pouco para tosquenejar, um pouco para encruzar os braços em repouso, assim sobrevirá a tua pobreza como um ladrão, e a tua necessidade, como um homem armado.
Provérbios 6:10,11

Você está envolvido em conflitos no trabalho?

Disse Abrão a Ló: Não haja contenda entre mim e ti e entre os meus pastores e os teus pastores, porque somos parentes chegados.
Gênesis 13:8

Você está brigando com colegas de trabalho? Alguns deles o irritam? Como lida com colegas de temperamento difícil? O apóstolo Paulo disse: "Se possível, quanto depender de vós, tende paz com todos os homens" (Rm 12:18). Ver os colegas como parte de uma família pode ajudar. Como numa família, pode haver diferenças, mas trabalha-se num espírito de fraternidade e cooperação. Afinal, o ambiente de trabalho não é lugar para competições e brigas pessoais.

Em vez de permitir que a não concordância torne-se pessoal e fora de controle, foque na questão específica relacionada ao trabalho que está por trás do conflito. Identifique o problema, analise as possíveis soluções e determine a melhor resposta para remover o obstáculo.

Quando a discussão se concentra nas soluções, em vez de focar os problemas, é mais fácil ter em mente os alvos finais: melhores relacionamentos e crescimento da empresa.

Sendo o caminho dos homens agradável ao Senhor, este reconcilia com eles os seus inimigos.
Provérbios 16:7

Você espera sucesso imediato?

O Senhor, teu Deus, lançará fora estas nações, pouco a pouco, de diante de ti; não poderás destruí-las todas de pronto, para que as feras do campo se não multipliquem contra ti.
Deuteronômio 7:22

São apenas algumas as ocasiões em que um empreendimento obtém grande sucesso imediato. Na maioria das vezes, o sucesso é resultado da ação de vários fatores. Preste atenção nos detalhes, como dar retorno rápido ao cliente, ser cuidadoso na embalagem de cada pedido antes da expedição, atender com gentileza e oferecer variedade de produtos ou serviços.

Pequenas tarefas realizadas com zelo resultam em projetos bem-sucedidos. Projetos bem executados geram sucesso no empreendimento. São os pequenos passos consistentes que geram a continuidade da atividade empresarial.

Seja zeloso nas pequenas coisas e sua empresa crescerá, assim como sua boa reputação.

Vês a um homem perito na sua obra? Perante reis será posto; não entre a plebe.
Provérbios 22:29

Os colegas de trabalho o irritam?

Vai primeiro reconciliar-te com teu irmão;
e, então, voltando, faze a tua oferta.
Mateus 5:24

Os colegas de trabalho devem ser considerados irmãos. Quando surgem conflitos no ambiente de trabalho, Deus espera que sejamos os pacificadores. Esteja sempre aberto à possibilidade de que a outra pessoa tenha razão. Se ela tiver, não hesite em se arrepender e pedir desculpas.

Quando você acredita que um colega o ofendeu, não demore a procurá-lo diretamente e em particular. Então, com calma e clareza, expresse sua preocupação. Proponha alguma mudança de comportamento ou atitude que acredite ser importante.

Lembre-se de escutar com cuidado a resposta do colega e procure resolver as questões de modo completo e construtivo. A empresa será beneficiada e a equipe, motivada. O ambiente de trabalho é mais agradável quando o amor de Deus brilha por nosso intermédio.

A resposta branda desvia o furor, mas a palavra dura suscita a ira.
Provérbios 15:1

Deus é honrado em tudo o que você diz?

Não saia da vossa boca nenhuma palavra torpe,
e sim unicamente a que for boa para edificação, conforme
a necessidade, e, assim, transmita graça aos que ouvem.
Efésios 4:29

Quando falamos a funcionários ou colegas, nossas palavras são apropriadas e agradáveis ou as pessoas se sentem humilhadas? Aqui estão algumas diretrizes para se certificar de que as palavras sempre "transmitam graça aos que ouvem":

- Primeiro: seja sincero. Dizer a verdade estabelece sua credibilidade e o torna uma pessoa confiável.
- Segundo: fale a verdade em amor. Tenha o cuidado de não fazer julgamentos ou usar palavras agressivas. Elas até servem para descarregar a ira, mas não ajudam nem são apreciadas pelos outros. Certifique-se de que tudo o que se diz é instrutivo e útil.

Quando for necessário corrigir um funcionário, faça-o com sabedoria. Assuma a atitude do treinador que orienta e encoraja sua equipe.

Quando cada palavra dita é sincera, encorajadora e sábia, os funcionários se sentem motivados a empreender os melhores esforços para servir os clientes de maneira mais eficiente.

A língua dos sábios adorna o conhecimento,
mas a boca dos insensatos derrama a estultícia.
Provérbios 15:2

Um cristão deve se associar a um não-cristão?

Não vos ponhais em jugo desigual com os incrédulos; porquanto que sociedade pode haver entre a justiça e a iniqüidade? Ou que comunhão, da luz com as trevas?
2Coríntios 6:14

Embora este versículo seja muitas vezes usado no contexto do compromisso de casamento, também se aplica a uma parceria ou sociedade profissional. Quando dois bois de força desigual são colocados sob o mesmo jugo, a parelha acaba rodando em círculos. Por mais que um empreendimento pareça atraente, evite tornar-se sócio de alguém que não compartilhe dos mesmos princípios e valores.

Resista também à tentação de ser sócio numa empresa com o objetivo de dar testemunho. Sociedades *missionárias* não funcionam, assim como não dá certo o namoro *missionário*. A experiência revela que, muitas vezes, o cristão é quem cai, em vez de levantar o seu sócio. Primeiro, testemunhe sua fé; depois considere a possibilidade de formar uma sociedade, mas espere para ver se o outro parceiro já compartilha de seus valores. Quando se ignora a sabedoria da Escritura, a empresa pode sofrer as conseqüências.

Melhor é o pouco, havendo o temor do Senhor, do que grande tesouro onde há inquietação.
Provérbios 15:16

Você trabalha sem descanso?

Guarda o dia de sábado, para o santificar, como te ordenou o Senhor, teu Deus. Seis dias trabalharás e farás toda a tua obra.
Deuteronômio 5:12,13

Com o surgimento do conceito de *internet banking* e das compras *on-line*, há uma tendência de as empresas permanecerem abertas 24 horas por dia, sete dias por semana. Contudo, não era este o plano de Deus. Ele planejou a vida de forma cíclica, incluindo a necessidade de descanso para o corpo. Estudos demonstram que a falta de descanso adequado contribui para o aumento no índice de ataques cardíacos, estresse e outros problemas. Quando insistimos em trabalhar sete dias por semana, exceto raras circunstâncias — como a necessidade de resolver um problema urgente ou atender a um pedido de socorro —, o resultado é esgotamento físico.

Se ignorarmos o mandamento de Deus de descansar no sábado, o corpo e a mente aos poucos falharão. O trabalho será prejudicado. Sem saúde física e mental, não há a menor condição de trabalhar. Como Deus escolheu descansar após a Criação, nós também devemos descansar.

Guarde o dia de descanso e continue trabalhando conforme Deus planejou.

Então, andarás seguro no teu caminho, e não tropeçará o teu pé.
Provérbios 3:23

Seus funcionários estão sempre bem informados sobre o que acontece na empresa?

Já não vos chamo servos, porque o servo não sabe o que faz o seu Senhor; mas tenho-vos chamado amigos, porque tudo quanto ouvi de meu Pai vos tenho dado a conhecer.
João 15:15

Funcionários bem informados, em geral, são mais eficientes. Quando informações importantes e adequadas são compartilhadas com a equipe de trabalho, ela entende melhor como as tarefas executadas contribuem para o funcionamento da empresa e como cada um ajuda a melhorar a qualidade dos produtos e serviços.

Considere o exemplo de Jesus: ele falava sobre tudo de forma clara e franca. Desenvolva o hábito de compartilhar conhecimentos. Faça uma lista de assuntos importantes e crie um fluxo constante de informações sobre a empresa.

Outra coisa importante: a comunicação é uma estrada de duas vias. Quando você é franco com os funcionários, eles se sentem mais à vontade para propor muitas grandes idéias. Com o tempo, você ficará impressionado com o crescimento profissional da equipe, à medida que cada pessoa se envolve mais no sucesso da empresa.

Não havendo sábia direção, cai o povo,
mas na multidão de conselheiros há segurança.
Provérbios 11:14

Sua empresa usa equipamentos velhos e obsoletos?

Se o ferro está embotado, e não se lhe afia o corte, é preciso redobrar a força; mas a sabedoria resolve com bom êxito.
Eclesiastes 10:10

É muito comum permitir que as ferramentas de nosso trabalho fiquem velhas e obsoletas. Isto é motivo de um bocado de frustração. Ninguém gosta de trabalhar cada vez mais para alcançar cada vez menos resultados.

Faça uma lista de todo o seu equipamento e verifique cada peça para saber o que precisa ser substituído. Avalie em que condições estão as caixas-registradoras, os computadores e os discos rígidos, os *softwares*, as copiadoras e os aparelhos de *fax* e todo maquinário da fábrica. Pergunte a si mesmo: está tudo funcionando a contento? O que deve ser desativado e substituído? Com o tempo, até mesmo as melhores ferramentas podem deteriorar.

A modernização de sua empresa tornará cada membro da equipe mais eficiente e cada dia mais produtivo. Lembre-se: profissionais usam sempre o melhor equipamento.

Procura conhecer o estado das tuas ovelhas e cuida dos teus rebanhos, porque as riquezas não duram para sempre, nem a coroa, de geração em geração.
Provérbios 27:23,24

Você se tornou um profissional ultrapassado?

Se o ferro está embotado, e não se lhe afia o corte, é preciso redobrar a força; mas a sabedoria resolve com bom êxito.
Eclesiastes 10:10

Quem já tentou cortar lenha com um machado cego sabe como a tarefa fica difícil. No entanto, quando a ferramenta é afiada, o trabalho exige um esforço bem menor. O segredo está em saber quando parar para afiar a lâmina. O mesmo princípio é válido no ambiente de trabalho. Se você se mantém preso ao hábito de fazer as mesmas coisas todos os dias e acha que está se tornando um profissional ultrapassado, talvez seja hora de parar e afiar a lâmina do machado.

Participe de seminários e congressos para empresários, leia livros e revistas sobre o mundo corporativo, vá a feiras e eventos relacionados a seu tipo de trabalho. Tome a iniciativa e recupere sua melhor produtividade. Mantenha-se motivado e não aceite justificativas para negligenciar sua eficiência e eficácia.

Muitas vezes, dizemos que não temos tempo para mais treinamento ou leitura porque temos trabalho demais, mas é sempre bom parar de vez em quando para *afiar o machado*.

Como o ferro com o ferro se afia, assim, o homem, ao seu amigo.
Provérbios 27:17

Sua empresa não prospera?

Há três anos venho procurar fruto nesta figueira, e não acho; pode cortá-la; para que está ela ainda ocupando inutilmente a terra?
Lucas 13:7

No mundo corporativo, há momentos nos quais é necessário tomar decisões difíceis para encerrar um projeto que gera prejuízo. Nem todo esforço, por melhor que seja concebido, planejado e executado, cumpre os objetivos. É preciso saber o momento certo de parar de colocar a energia pessoal e os recursos em projetos que simplesmente não estão funcionando.

Estabeleça um período de tempo para alcançar seus alvos e determine o máximo de dinheiro que você pode investir sem esperar retorno imediato. Se não fizer isso, as iniciativas malsucedidas prosseguirão até adquirir vida própria. Elas se tornarão, como um amigo meu usou para descrever seu barco, "um buraco na água, rodeado de madeira, onde coloco meu dinheiro".

O que lavra a sua terra será farto de pão, mas o que corre atrás de coisas vãs é falto de senso.
Provérbios 12:11

Sua empresa está construída sobre um fundamento sólido, rumo a um futuro de sucesso?

Todo aquele, pois, que ouve estas minhas palavras e as pratica será comparado a um homem prudente que edificou a sua casa sobre a rocha [...] que não caiu, porque fora edificada sobre a rocha.
Mateus 7:24,25

Na economia moderna, muitas empresas tomam grandes empréstimos para financiar a expansão, aumentar o patrimônio, comprar equipamentos de última geração e entrar em novos mercados. Enquanto o mercado está em alta, os juros permanecem baixos, os negócios vão bem e a administração da dívida não é difícil, o empresário pode sentir-se tentado a pegar mais dinheiro emprestado para acelerar os planos da empresa.

No entanto, não há como evitar a chegada da época de ventos e chuvas, quando a economia entra em crise e os negócios vão devagar. É neste momento que as bases de sua empresa serão colocadas à prova. Você está preparado? Se a empresa não estiver fundamentada em rocha sólida, especialmente em termos financeiros poderá descobrir que todos os seus esforços foram por água abaixo antes de conseguir reagir.

Aproveite os períodos de bonança para pagar as suas dívidas. Faça o mínimo de dívidas e mantenha sua empresa estabelecida sobre rocha firme.

Os arganazes, povo não poderoso; contudo, fazem a sua casa nas rochas.
Provérbios 30:26

Você é um exemplo de bom profissional diante dos colegas de trabalho?

Antes, também na obra deste muro fiz reparação, e terra nenhuma compramos; e todos os meus moços se ajuntaram ali para a obra.
Neemias 5:16

Quando Neemias foi designado governador de Judá, tinha direito de receber impostos e ofertas de alimentos do povo. No entanto, recusou-se a tirar vantagem de sua posição privilegiada e optou por ajudar o povo a reconstruir os muros de Jerusalém. Ele não somente sujou as próprias mãos, como também envolveu seus servos e ajudantes no trabalho.

Em seu ambiente profissional, você é um modelo de integridade e trabalho duro? Arregaça as mangas para realizar a obra ou tira vantagem de sua posição para não fazer esforço? Aceita brindes ou favores que podem comprometê-lo? Olhe no espelho e seja honesto consigo. Quer que seus funcionários sigam seu exemplo?

Se você é um líder, a empresa ou o departamento em que trabalha refletirá os seus valores, e a equipe seguirá seu exemplo. Estabeleça um padrão elevado, trabalhe firme e lidere com integridade. A ética profissional positiva aumentará a produtividade, e o sucesso será a conseqüência natural.

Até a criança se dá a conhecer pelas suas ações, se o que faz é puro e reto.
Provérbios 20:11

Você fala mal do chefe?

Todos os servos que estão debaixo de jugo considerem dignos de toda honra o próprio senhor, para que o nome de Deus e a doutrina não sejam blasfemados.
1Timóteo 6:1

Não se junte aos que falam mal do chefe. Siga o velho ditado: "Se não puder dizer alguma coisa boa, não diga nada". Isto não só evitará que você entre em enrascadas, como também honrará o seu chefe. Se disser alguma coisa, seus comentários devem ser positivos, palavras de apoio que proporcionam equilíbrio em qualquer situação.

Falar mal do chefe só serve para des-motivar a equipe. O ambiente de trabalho é tomado por uma atmosfera negativa, e você começa a acreditar em todos os exageros que ouve. Se os escravos, que ocupavam as mais baixas posições sociais imagináveis, receberam a ordem divina de honrar os seus senhores, então é certo que, na condição de funcionários, devamos honrar aqueles aos quais somos subordinados. Se tiver uma queixa, sente-se com seu superior hierárquico e converse com calma sobre a situação. Desta forma, você será parte da solução, não do problema.

O que despreza o próximo é falto de senso, mas o homem prudente, este se cala.
Provérbios 11:12

Você baseia suas decisões profissionais em fatos ou tira conclusões precipitadas?

Repele as questões insensatas e absurdas,
pois sabes que só engendram contendas.
2Timóteo 2:23

Quando surgem questões no trabalho, você se sente tentado a discuti-las antes de considerar todos os fatos? Quando há discordância, você fica na defensiva, irre-dutível? A Bíblia chama isto de "insensatez".

Não seja precipitado nas conclusões. Certifique-se de que todos os fatos estejam sobre a mesa. Se for uma questão controversa, examine-a sob todos os ângulos. Investigue a fim de estabelecer o que é verdade e o que não passa de mera especulação.

Evite prejulgamentos e busque primeiro entender bem o assunto. Você conquistará a confiança dos colegas e se sentirá mais confiante ao precisar tomar decisões. É fácil tirar conclusões precipitadas; examinar todos os fatos antes de responder requer disciplina e autocontrole.

Quando os fatos são apresentados e bem compreendidos, não raro é preciso mudar o curso da ação. Se nenhuma etapa do processo foi negligenciada, pode-se seguir adiante ou voltar atrás, sem receio. De qualquer modo, suas decisões serão mais equilibradas, corretas e justas, e a empresa certamente funcionará melhor.

A glória dos reis é esquadrinhá-las.
Provérbios 25:2

Para fazer as coisas mais urgentes, você negligencia as importantes?

Eu é que sei que pensamentos tenho a vosso respeito, diz o Senhor; pensamentos de paz e não de mal, para vos dar o fim que desejais.
Jeremias 29:11

Se Deus faz planos, devemos fazer o mesmo. O estabelecimento dos principais objetivos e o planejamento de estratégias seguras fazem uma grande diferença no sucesso de uma empresa. Se você não tem objetivos ou estratégia, a mesmice do cotidiano toma conta e a empresa fica patina na mediocridade.

Escreva diariamente na agenda um objetivo que fará diferença para aquela data. Em seguida, foque na realização daquela tarefa. Não aceite suas desculpas. A cada dia, você verá verdadeiro progresso na empresa.

Jesus jamais aceitou que as coisas urgentes substituíssem as importantes, e devemos seguir seu exemplo.

Como cidade derribada, que não tem muros, assim é o homem que não tem domínio próprio.
Provérbios 25:28

Você toma dinheiro emprestado para financiar empreendimentos?

O rico domina sobre o pobre, e o que toma emprestado é servo do que empresta.
Provérbios 22:7

Quando uma empresa toma um empréstimo, o credor geralmente exige a assinatura de uma nota promissória que lhe garante o pagamento da dívida. Às vezes, o banco exige até uma garantia pessoal do dono da empresa.

Os contratos de empréstimo são documentos longos e detalhados, cheios de letras pequenas. Muitas vezes, colocam restrições sobre quem toma emprestado, como o controle da extensão do crédito para os clientes, a limitação de salários, redução de despesas e ingerência sobre outras decisões empresariais. O credor principal pode até determinar como os outros serão pagos, em caso de insolvência.

Se a empresa que tomou dinheiro emprestado violar qualquer parte do acordo de crédito, o banqueiro pode declarar irregularidade e exigir pagamento imediato. Conforme Salomão admoestou no livro de Provérbios, "o que toma emprestado é servo do que empresta".

Talvez sua empresa precise tomar dinheiro emprestado para cumprir alguns objetivos, mas use de sabedoria antes de tomar a decisão. Lembre-se: o empréstimo faz de você um *servo* do banco.

Se não tens com que pagar, por que arriscas perder a cama de debaixo de ti?
Provérbios 22:27

Você contrata apenas funcionários jovens e menospreza a experiência dos mais velhos por considerá-los ultrapassados?

Quanto aos homens idosos, que sejam temperantes, respeitáveis, sensatos, sadios na fé, no amor e na constância.
Tito 2:2

Qual é o empregador que não daria tudo para ter um funcionário com as qualidades mencionadas neste versículo da Bíblia? Na hora de contratar profissionais, recrute pessoas mais velhas e experientes para criar um equilíbrio com o vigor dos funcionários mais jovens. A rede multinacional de lanchonetes McDonald's, nos Estados Unidos, aprendeu isso tempos atrás, e passou a recrutar trabalhadores aposentados.

Uma equipe madura pode orientar, treinar e ser exemplo para os funcionários mais jovens, tornando-os mais produtivos. Talvez seja necessário pagar salários um pouco mais elevados, mas a iniciativa proporcionará uma experiência valiosíssima, além de gerar melhores resultados para a empresa.

Lembre-se de que Moisés tinha oitenta anos quando começou a liderar o povo de Israel. Use a experiência para aumentar seus lucros.

Como o ferro com o ferro se afia, assim, o homem, ao seu amigo.
Provérbios 27:17

Você deixa de pagar contas em dia para garantir o fluxo de caixa?

Não te furtes a fazer o bem a quem de direito, estando na tua mão o poder de fazê-lo. Não digas ao teu próximo: Vai e volta amanhã; então, to darei, se o tens agora contigo.
Provérbios 3:27,28

É muito cômodo deixar de pagar as contas dos fornecedores em dia. E quando a receita da empresa está em baixa, a tentação é ainda maior. Alguns defendem que esta é uma boa maneira de gerenciar as contas da empresa, mas deixar de cumprir prazos de pagamento jamais agrada a Deus.

Se quiser obedecer às Escrituras, faça o possível para pagar as contas dentro de seus devidos prazos. Não tente *enrolar* os fornecedores. Se não puder cumprir os termos do contrato, negocie. É melhor do que fazer promessas que não pretende cumprir.

Quando você é pontual nos pagamentos, fica em posição de vantagem na hora de negociar melhores preços, melhores serviços ou melhores condições de pagamento. Provando que é um bom pagador, os fornecedores farão o possível para atender melhor suas necessidades.

A quem dá liberalmente, ainda se lhe acrescenta mais e mais; ao que retém mais do que é justo, ser-lhe-á em pura perda.
Provérbios 11:24

Você age como se tivesse todas as respostas e não precisasse de conselhos?

Melhor é o jovem pobre e sábio do que o rei velho e insensato, que já não se deixa admoestar.
Eclesiastes 4:13

Conforme cresce nossa experiência profissional e alcançamos posições mais altas na hierarquia de uma empresa, é fácil começar a pensar que nossa visão corporativa é superior à dos colegas e subordinados, e que não queremos nem precisamos de sugestões ou conselhos porque temos resposta para tudo. Nada pode ser mais perigoso para a empresa que esta atitude.

Em vez disso, transforme os conselhos das pessoas em prioridade. Os colegas de trabalho, até mesmo os que possuem menos experiência, muitas vezes podem alertá-lo sobre grandes problemas. Os que estão mais próximos possuem informações que ampliam a perspectiva, e podem oferecer boas sugestões.

Quando alguém lhe trouxer idéias, seja grato e incentive este tipo de iniciativa. Se forem úteis, dê o devido crédito e implemente as sugestões. Se não forem viáveis, explique por que não são aproveitadas, mas encoraje a pessoa a oferecer outras idéias. Incentivar bons conselhos fortalece o trabalho de equipe e pode ajudar a evitar erros e prejuízos.

Da soberba só resulta a contenda, mas com os que se aconselham se acha a sabedoria.
Provérbios 13:10

Você deixaria de contratar ou promover uma profissional por ser mulher?

Então, entenderás justiça, juízo e eqüidade, todas as boas veredas.
Provérbios 2:9

Independentemente de sua opinião sobre o papel das mulheres no trabalho, sua responsabilidade, como diretor ou gerente, é ser imparcial. Para que a empresa obtenha sucesso, você deve preencher cada posição com o melhor talento possível, sem discriminações. Faz sentido, portanto, contratar mulheres, treiná-las e promovêlas em condições iguais às dos homens.

Muitas mulheres trabalham para equilibrar o orçamento familiar e sustento próprio. No entanto, ainda que o papel profissional que desempenham seja cada vez mais importante, em muitos casos ainda não são tratadas com igualdade em relação aos homens.

A imparcialidade e a eqüidade no ambiente de trabalho começam com uma descrição por escrito das atividades, compreendendo claramente as qualificações necessárias ao sucesso de cada posição. Procure funcionários cujos interesses, aptidões e personalidade se encaixem na posição e no perfil da empresa. Critérios imparciais de contratação e promoção fortalecem a equipe, tornam as pessoas mais produtivas e aumentam os lucros.

Parcialidade não é bom, porque até por
um bocado de pão o homem prevaricará.
Provérbios 28:21

Você aceita ser corrigido ou disciplinado?

Porque o Senhor repreende a quem ama,
assim como o pai, ao filho a quem quer bem.
Provérbios 3:12

Nunca é fácil aceitar a correção. Somos humanos, e nossa reação natural é a de tentar argumentar, apresentar justificativas e nos defender. Foi isso que Adão e Eva fizeram no Éden. Porém, se formos sábios, aprenderemos com os nossos erros, aceitaremos a disciplina e a correção e melhoraremos nosso desempenho.

Cortesia e profissionalismo são as melhores atitudes quando se é corrigido. Diante de uma crítica, evite ficar na defensiva, não tente revidar. Ouça os comentários e os aceite. Se estiver errado, admita o erro e corrija a deficiência. Agradeça ao superior por se mostrar disposto a apontar as áreas em que você pode melhorar o desempenho.

A demonstração de humildade impressiona positivamente as pessoas às quais estamos subordinados. A disposição de aprender e ajustar os hábitos profissionais às demandas corporativas valoriza o funcionário e aumenta sua satisfação em relação à empresa. Embora nunca seja fácil submeter-se à disciplina e à correção, quando se aprende a aceitar a crítica construtiva, há um ganho em desempenho e produtividade.

Pobreza e afronta sobrevêm ao que rejeita a instrução,
mas o que guarda a repreensão será honrado.
Provérbios 13:18

Uma vitória aparente interrompe sua busca pelo sucesso pleno?

Quando, porém, Israel se tornou mais forte, sujeitou os cananeus a trabalhos forçados e não os expulsou de todo.
Juízes 1:28

Ao proporcionar vitória aos israelitas, Deus os instruiu a eliminar completamente os cananeus da Terra Prometida. Porém, em vez de completar a obra, o exército deixou de se apossar da terra por completo, e os cananeus continuaram a atormentar os israelitas durante muitos anos.

Projetos incompletos também podem constituir uma praga para a empresa. Há um provérbio que diz: "Um bom começo é só metade do caminho". Para se completar certas tarefas, é necessário persistência, disciplina e trabalho duro. Mesmo quando uma tarefa parecer completa e bem-sucedida, verifique se todos os passos foram cumpridos de modo diligente. Não desperdice um grande esforço, negligenciando os três por cento do trabalho que ainda não foram realizados.

Ande mais um quilômetro. Termine o preenchimento daqueles documentos, escreva aquele relatório, controle a qualidade do produto ou serviço, peça a opinião do cliente. Ao cumprir integralmente as tarefas, você se distingue dos outros, ajudando a manter as vitórias conquistadas e a melhorar o desempenho e a lucratividade.

O que trabalha com mão remissa empobrece, mas a mão dos diligentes vem a enriquecer-se.
Provérbios 10:4

O que o impede de ser um modelo de liderança ética na empresa?

Respondeu-lhe Arão: Não se acenda a ira do meu Senhor;
tu sabes que o povo é propenso para o mal.
Êxodo 32:22

Quando Aarão fracassou e deixou o povo de Israel ser dominado pela idolatria, fazendo o bezerro de ouro ao pé do monte Sinai, o resultado foi catastrófico. A falta de liderança moral de Aarão teve como conseqüência, naquele dia, a morte de três mil israelitas.

No mundo corporativo, os efeitos da falta de ética podem não ser de vida e morte, mas não deixam de ser negativos. O preço pelo comprometimento da verdade pode ser um cliente importante. Um relatório de despesas com dados falsos pode custar o emprego de alguém; assédio sexual é crime; descumprir regulamentos de segurança ou leis trabalhistas resulta em multas e sanções.

No ambiente de trabalho, nossos princípios éticos e morais são contestados por pessoas que tentam burlar as regras, fazem comentários inapropriados ou desenvolvem comportamentos antiéticos. Os nossos padrões devem ser claros e o comportamento, coerente.

A maioria dos problemas nas empresas começa pequena, depois cresce. Estabelecer padrões morais claros e impedir comportamentos antiéticos permite que a empresa mantenha a solidez.

O justo aborrece a palavra de mentira,
mas o perverso faz vergonha e se desonra.
Provérbios 13:5

Você fica torcendo para que alguém assuma responsabilidades que na verdade são suas?

Levanta-te, pois esta coisa é de tua incumbência,
e nós seremos contigo; sê forte e age.
Esdras 10:4

Não dá para ficar esperando que outros cumpram determinadas tarefas quando a responsabilidade por elas é sua. Esforce-se para oferecer um bom atendimento aos clientes. É muito comum ouvir justificativas do tipo: "Estou fazendo o melhor que posso"; ou: "A culpa foi do fornecedor". Ao transferir a responsabilidade, achamos que lavamos as mãos em relação ao problema.

Mas responsabilidade é responsabilidade, ponto final. Não há como mudar este fato. Aceite-o e aja de acordo com esta realidade. Não invente desculpas para justificar problemas de qualidade do produto ou de serviço, nem se esquive de cumprir suas obrigações em relação aos clientes. Intervenha pessoalmente, se necessário. Faça o melhor que puder para corrigir o problema, em vez de pedir ao consumidor que arque com as conseqüências. Seus clientes não apenas ficarão mais satisfeitos, como também voltarão para fazer mais negócios.

Quem é negligente na sua obra já é irmão do desperdiçador.
Provérbios 18:9

Você assume a responsabilidade dos próprios erros?

Levanta-te, pois esta coisa é de tua incumbência,
e nós seremos contigo; sê forte e age.
Esdras 10:4

Quando se perguntou a um treinador sábio por que seu time perdera, ele respondeu: "Desculpas não ganham jogos". É verdade! No entanto, muitas vezes tentamos justificar nossos erros oferecendo explicações complexas. Às vezes, agimos como se um resultado negativo, narrado da maneira apropriada, pudesse parecer um resultado favorável. Esta é uma lógica enganosa, é claro. Justificativas e desculpas não podem substituir ações afirmativas e o esforço pessoal.

Da próxima vez que você cometer algum erro na empresa, não tente se defender com desculpas esfarrapadas. Simplesmente aceite as críticas, peça desculpas e tome as providências necessárias para corrigir o problema. Redobre os esforços e trabalhe para remover qualquer obstáculo que impeça o sucesso.

Ao aceitar uma tarefa, demonstre ser uma pessoa responsável e estabeleça um plano de ação para cada circunstância. Seu gerente ou supervisor perceberá, seu valor para a empresa crescerá e suas oportunidades de promoção e melhores salários serão potencializadas.

O filho sábio ouve a instrução do pai,
mas o escarnecedor não atende à repreensão.
Provérbios 13:1

Sua equipe trabalha com foco?

Não havendo visão, o povo perece.
Provérbios 29:18

Todo gestor enxerga as questões mais amplas, compreende as estratégias da empresa ou do departamento e quer que os funcionários sigam suas orientações. Porém, se não mantiver uma boa comunicação, é possível que eles percam o foco.

Certifique-se de que a visão da empresa ou do departamento está bem clara para os funcionários. Não presuma que todos já a conheçam e entendam. Esclareça quais são as metas a atingir e explique como o sucesso desta estratégia será medido. Ajude sua equipe a ver como o trabalho que ela executa se encaixa no grande quadro geral da empresa, destacando e valorizando sua importância e seu desempenho sempre que possível.

Suas palavras e seus atos devem apoiar e reforçar a visão da empresa. Lidere pelo bom exemplo e demonstre como a excelência no trabalho ajuda toda a organização. Quando alguém cometer um erro, explique como os problemas afetam as metas da empresa e, então, colabore com os funcionários para corrigir o problema. Quando a empresa tem uma visão clara e metas bem definidas, todos trabalham juntos para obter maior produtividade.

Confia ao Senhor as tuas obras,
e os teus desígnios serão estabelecidos.
Provérbios 16:3

Sua equipe só tem gente igual a você?

Porque assim como num só corpo temos muitos membros,
mas nem todos os membros têm a mesma função,
assim também nós, conquanto muitos,
somos um só corpo em Cristo e membros uns dos outros.
Romanos 12:4,5

Para ser eficiente de fato, toda empresa precisa de diversidade de talentos. Embora nos sintamos mais à vontade entre pessoas com personalidade, dons e interesses semelhantes aos nossos, a empresa não alcançará equilíbrio se todos forem iguais a nós.

Ao avaliar as necessidades de sua empresa, procure montar uma equipe de profissionais que sejam bons naquilo em que você é mais fraco, mesmo que sejam menos habilidosos em sua área de expertise. Por exemplo, se você é um visionário que gosta de explorar o potencial de novas idéias e conceitos, contrate alguém mais conservador, mesmo que nem sempre concordem em tudo. Identifique cuidadosamente as habilidades e competências exigidas de cada posição na empresa e contrate pessoas que se encaixem bem nessas exigências.

Equilibre sua equipe, preenchendo apropriadamente todas as vagas com uma variedade de pessoas talentosas. A formação de uma equipe com pessoas qualificadas e talentosas aumenta a produtividade e potencializa seus empreendimentos.

Mais poder tem o sábio do que o forte,
e o homem de conhecimento, mais do que o robusto.
Provérbios 24:5

Você tem medo da concorrência?

Davi disse a Saul: Não desfaleça o coração de ninguém por causa dele; teu servo irá e pelejará contra o filisteu.
ISamuel 17:32

Quando Davi enfrentou Golias, não perdeu muito tempo analisando a concorrência, nem se deixou intimidar. Em vez disso, ele lembrou de seus sucessos anteriores contra o leão e o urso, avaliou os recursos de que dispunha e correu para a batalha, armado com aquilo que ele conhecia bem e com um propósito claro em sua mente.

Se você enfrenta um grande adversário no mundo corporativo, não entre em pânico. Maximize sua força, tire vantagem das fraquezas do concorrente. Toda empresa tem seus pontos fracos. A concorrência é grande e forte, mas vagarosa e burocrática? Há rachaduras ou lacunas em suas defesas?

Procure por espaços e oportunidades. Em seguida, planeje e execute estratégias que aproveitam as suas melhores qualidades. Muitas vezes, o plano mais simples é o melhor. Quando implementar suas idéias, você obterá ganhos sensíveis, o sucesso será evidente e sua confiança aumentará.

Davi creu na sua missão e ganhou a batalha. Da mesma forma, quando seu compromisso com o sucesso envolve persistência e trabalho duro, o resultado é a vitória.

Mas o que me der ouvidos habitará seguro, tranqüilo e sem temor do mal.
Provérbios 1:33

Você tenta fazer tudo de uma vez?

Sucedeu, depois da morte de Moisés, servo do Senhor, que este falou a Josué, filho de Num, servidor de Moisés, dizendo (...) Todo lugar que pisar a planta do vosso pé, vo-lo tenho dado, como eu prometi a Moisés.
Josué 1:1,3

Quando Israel entrou na terra de Canaã, Deus prometeu ajudar Josué e o povo a subjugar a terra. No entanto, eles levaram quinze anos para completar a conquista, mesmo contando com a ajuda de Deus. Esta história permite sua aplicação no mundo corporativo: as grandes tarefas geralmente são completadas depois de cumprida uma série de pequenos passos.

Sob direção divina, Josué planejou cuidadosamente cada ataque, avaliando o inimigo, estabelecendo uma estratégia e enfrentando a batalha. Uma a uma, cada cidade dos cananeus foi capturada, permitindo aos filhos de Israel tomar posse da terra sem esgotar seus recursos.

No mundo dos negócios, os objetivos são os mesmos. Divida suas grandes metas em ações menores que possam ser gerenciadas passo a passo. Você se surpreenderá com a firmeza com que alcança seus objetivos. Analise a situação. Planeje com cuidado. Complete as tarefas fundamentais antes de buscar novos objetivos. Concentre-se em vencer as pequenas batalhas a fim de vencer a guerra.

Todo prudente procede com conhecimento, mas o insensato espraia a sua loucura.
Provérbios 13:16

"Isto não é problema meu". Você já disse algo assim?

Levai as cargas uns dos outros e, assim, cumprireis a lei de Cristo.
Gálatas 6:2

Demonstramos que temos a mesma disposição de servir de Jesus quando oferecemos ajuda a colegas de trabalho. É claro que não roubaremos seus empregos, nem permitiremos que deixem de cumprir suas responsabilidades por preguiça, mas é muito bom compartilhar a carga e carregar os fardos uns dos outros, especialmente se isto trouxer benefícios aos seus clientes e avanços para a missão da empresa. A pessoa que tem verdadeiro espírito de equipe jamais diz: "Isto não é problema meu".

Jesus estava disposto a sujar as mãos para nos dar exemplo, humilhando-se para fazer uma tarefa que cabia aos servos: lavar os pés dos discípulos. Quando você se dispõe a ajudar seus colegas de trabalho, seja humilde e faça o que for necessário, mesmo que se ache qualificado demais para aquela tarefa.

Gestores, ajudem sua equipe, recolocando estoque nas prateleiras ou telefonando de volta para quem ligou. Funcionários, procurem se desenvolver em outras áreas para se tornar mais versáteis. Toda a empresa ganha quando se desenvolve este tipo de atitude.

Não te furtes a fazer o bem a quem de direito,
estando na tua mão o poder de fazê-lo.
Provérbios 3:27

Você se sente frustrado por não receber mais responsabilidades?

Disse-lhe o senhor: Muito bem, servo bom e fiel; foste fiel no pouco, sobre o muito te colocarei; entra no gozo do teu senhor.
Mateus 25:21

Se você deseja mais responsabilidades na empresa, certifique-se primeiro de que está desempenhando todas as atividades e cumprindo as responsabilidades atuais. Faça um bom trabalho em cada tarefa que lhe for confiada. Aproveite toda oportunidade para demonstrar seu valor para a companhia, e não considere nenhum trabalho inferior à sua dignidade. Muitas vezes, são as pequenas coisas que fazem grandes diferenças.

Seja pontual, cumpra diligentemente os compromissos, dê retornos imediatos a quem o procurar ou telefonar. Complete a tempo os relatórios e as burocracias, esteja sempre preparado para as reuniões e não deixe de atender as pequenas demandas de seus superiores. Acima de tudo, não reclame. Em tudo, mantenha uma atitude positiva e uma visão confiante e otimista.

Se nossa atitude for de confiabilidade, persistência e lealdade, logo nossos esforços serão percebidos e recompensados com maiores responsabilidades.

Vês a um homem perito na sua obra?
Perante reis será posto; não entre a plebe.
Provérbios 22:29

Você faz planos para sucessão em sua empresa?

Sendo, pois, Davi já velho e farto de dias, constituiu a seu filho Salomão rei sobre Israel.
1Crônicas 23:1

Muitos empresários agem como se fossem viver para sempre. Só assim para explicar sua dificuldade em desenvolver um plano de sucessão para o futuro da empresa. Infelizmente, o velho adágio é verdadeiro: "Fracassar no planejamento é planejar o fracasso". Se você deseja que sua empresa sobreviva e prospere depois que você partir, precisa de um plano para passar o bastão a seu sucessor.

Nenhum de nós permanecerá no controle para sempre. Para o benefício de todos, um empresário sábio planeja antecipadamente sua aposentadoria. Você pode imaginar as brigas internas que poderiam ter ocorrido se Davi não tivesse nomeado um dos filhos para sucedê-lo como rei? O povo não saberia a quem seguir. Teria imperado a confusão, em vez da sabedoria de Salomão.

Planeje e prepare outras pessoas para sucedê-lo. Sua empresa merece este cuidado, e seu legado depende de como você planeja sua saída.

Muitos propósitos há no coração do homem, mas o desígnio do Senhor permanecerá.
Provérbios 19:21

Você é criterioso na hora de escolher seus conselheiros?

Porém ele, Robão, desprezou o conselho que os anciãos lhe tinham dado e tomou conselho com os jovens que haviam crescido com ele e o serviam.
2Crônicas 10:6,8

Quando Roboão sucedeu o pai, Salomão, no trono de Judá, teve a sabedoria de consultar conselheiros experientes. Porém, foi tolo e desprezou aqueles conselhos. Os resultados foram desastrosos.

Se você quer dar um rumo para sua empresa, deve se cercar de mentores maduros, experientes, cuja perspectiva tenha sido lapidada pelo tempo. Ouça conselheiros que lhe dizem o que *precisa* ouvir, e não apenas aquilo que *quer* ouvir.

Com freqüência, conselheiros mais jovens contribuem com idéias novas e criativas que ajudam a renovar as energias, mas não se deixe levar pelo entusiasmo. Avalie toda idéia nova com a sabedoria da experiência.

Quando estiver ouvindo conselhos, equilibre a visão, o vigor e a criatividade da juventude com a voz equilibrada da experiência. Você ficará impressionado ao ver como suas decisões se tornarão mais avalizadas.

Ouça o sábio e cresça em prudência;
e o instruído adquira habilidade.
Provérbios 1:5

Você desperdiça seu tempo em coisas que não pode controlar?

Portanto, não vos inquieteis com o dia de amanhã, pois o amanhã trará os seus cuidados; basta ao dia o seu próprio mal.
Mateus 6:34

Se as circunstâncias são adversas e a empresa enfrenta dificuldades, é hora de ajustar o foco. Isto não significa enfiar a cabeça na areia ou fingir que tudo está em ordem quando não está. No entanto, diante de uma situação complicada, o melhor curso de ação é parar e perguntar o que pode ser mudado com os recursos de que se dispõe.

Foque em pequenas ações que possam melhorar a situação. É como velejar no oceano em meio a uma grande tempestade. Não podemos parar o vento e as ondas, mas podemos tirar a água do barco.

Não ignore os problemas: busque ações afirmativas que você e sua equipe possam realizar. Entregue seus caminhos a Deus em oração e, em seguida, ataque o problema nas áreas em que puder fazer a maior diferença. Sua liderança tranqüila em tempos difíceis pode ser a salvação da empresa.

Se te mostras fraco no dia da angústia, a tua força é pequena.
Provérbios 24:10

Você age com negligência porque acha que "Deus cuida de tudo"?

Observai as aves do céu: não semeiam, não colhem,
nem ajuntam em celeiros; contudo, vosso Pai celeste as sustenta.
Porventura, não valeis vós muito mais do que as aves?
Mateus 6:26

Quando refletimos nas promessas de Deus de suprir nossas necessidades, devemos tomar cuidado para não confundir seus alertas sobre a importância de trabalhar com diligência. Pense no que Jesus diz sobre as aves do céu em Mateus 6. Só porque a andorinha não se preocupa em semear, colher e juntar, não significa que ela não trabalhe por seu alimento. As aves não ficam pousadas na cerca, esperando que as sementes caiam no bico. Elas voam para lá e para cá, buscando insetos, minhocas e grãos. Da fartura da terra, o Senhor supre as suas necessidades.

De modo semelhante, nosso Pai celeste faz com que nosso trabalho gere frutos, e provê uma colheita farta de coisas boas. Nossa responsabilidade é buscar primeiramente a sua justiça, entregar nossos planos aos seus propósitos e ser diligentes com aquilo que ele deseja que façamos. Deus promete abençoar nossos esforços se cumprirmos nossa parte com fidelidade.

Ó preguiçoso, até quando ficarás deitado?
Quando te levantarás do teu sono?
Provérbios 6:9

Você é capaz de assumir e confessar seus erros a colegas de trabalho?

Confessai, pois, os vossos pecados uns aos outros
e orai uns pelos outros, para serdes curados.
Tiago 5:16

Muitas vezes, as pessoas citam Tiago 5:16 para nos lembrar de confessar nossos pecados a outros cristãos. O mesmo princípio vale quando se trata de admitir nossos erros no ambiente de trabalho. Quando somos sinceros em relação a nossas falhas, colhemos três tipos de benefício:

- Perdemos o medo de parecer pessoas ruins. Afinal, todo mundo comete erros. Só ficamos mal quando tentamos encobrir nossos erros. Admiti-los ajuda a tirar a pressão que eles exercem.
- Criamos oportunidades para aprender com os erros, evitando repeti-los. Quando somos francos quanto aos erros que cometemos, podemos convidar outros a nos ajudar, de forma que sejamos capazes de aprender e crescer.
- Ganhamos o respeito dos colegas. Muitas vezes, as pessoas sabem que erramos, de qualquer jeito. Assim, por que não reconhecer? Não permita que o orgulho embote a sinceridade.

Quando admitimos abertamente nossos erros, aprendendo com eles, outras pessoas logo seguirão o exemplo. Você se surpreenderá com a motivação e a produtividade da empresa.

O que encobre as suas transgressões jamais prosperará;
mas o que as confessa e deixa alcançará misericórdia.
Provérbios 28:13

Você está disposto a investir em seu maior patrimônio, os funcionários?

E isto afirmo: aquele que semeia pouco, pouco também ceifará; e o que semeia com fartura, com abundância também ceifará.
2Coríntios 9:6

Uma das chaves para a produtividade é o treinamento dos funcionários. Embora vários empresários estejam dispostos a gastar muito dinheiro na aquisição de equipamentos e instalações, negligenciam um dos maiores investimentos possíveis: seu pessoal. Sejamos francos: são as pessoas mais qualificadas que garantem o êxito das grandes corporações. A maior riqueza de uma empresa é seu pessoal.

Comece dando uma orientação completa aos novos funcionários. Explique seu negócio, sua missão, sua visão e seus valores. Converse sobre os produtos e serviços que oferece e como deseja servir aos clientes.

Em seguida, ajude-os a se familiarizar com o local de trabalho, mostrando onde se guardam suprimentos, explicando como funciona todo o equipamento. Esta instrução pode parecer muito básica, mas resultará em produtividade. Incentive os clientes a fazer perguntas e certifique-se de que eles tenham assimilado toda a informação.

O treinamento leva tempo e energia (e, naturalmente, custa dinheiro), mas também garante um ótimo retorno. Se você deseja maior produtividade em sua empresa, invista em seu pessoal.

Para dar aos simples prudência e aos jovens, conhecimento e bom siso.
Provérbios 1:4

Você acha que sua memória é tão boa que não precisa fazer anotações?

Tudo isto, disse Davi, me foi dado por escrito por mandado do Senhor, a saber, todas as obras desta planta.
1Crônicas 28:19

Por melhor que seja a memória de uma pessoa, ninguém consegue lembrar-se de tudo. Se você não se preocupa em colocar no papel os fatos ou as tarefas importantes, acabará *pisando na bola* e deixando de realizar alguma coisa. Um bloco de anotações bem utilizado ajuda a entender a situação e focar as prioridades.

Crie o hábito de registrar em papel as reuniões da empresa e insista em que a equipe desenvolva a mesma prática. Enfatize os pontos-chave, lembrando que anotem tudo. Anote as instruções de seus superiores e faça comentários e sugestões por escrito também.

Quando um cliente expressa uma necessidade ou faz um pedido, escreva-o, junto com idéias ou instruções sobre o que precisa ser feito. Desta forma, se você estiver fora do escritório ou de férias, os colegas de trabalho podem continuar de onde você parou e servir com maior eficiência ao cliente.

Deixando tudo por escrito, as pessoas se comunicam melhor. Desenvolva este hábito importante, que resulta em clientes mais satisfeitos e maior eficiência em sua empresa.

Não te desamparem a benignidade e a fidelidade; ata-as ao pescoço; escreve-as na tábua do teu coração.
Provérbios 3:3

Você sabe a hora certa de tomar a iniciativa e avançar?

O Senhor, nosso Deus, nos falou em Horebe, dizendo:
Tempo bastante haveis estado neste monte. Voltai-vos e parti.
Deuteronômio 1:6,7

É fácil assumir uma atitude de complacência na empresa. Basta fazer a mesma coisa, dia após dia. Se não tomarmos cuidado, podemos relutar em seguir adiante para realizar novos empreendimentos ou assumir novos projetos. Em nossa economia globalizada e dinâmica, a acomodação é muito perigosa.

Em toda empresa, chega a hora em que é preciso seguir adiante, tentar coisas novas, colocar a criatividade em funcionamento e buscar oportunidades. Vá em frente, tome a iniciativa e insista que a equipe faça a mesma coisa.

Vença a preguiça e a resistência que o impede de mudar. Não espere até amanhã para realizar uma tarefa: faça-a agora. Não deixe que o medo do desconhecido o impeça. Lembre-se: ainda que um navio esteja mais seguro no porto, ele foi feito para navegar por longas distâncias. Veleje com uma nova idéia e observe aonde os ventos da mudança o levam. Desenvolva o hábito de tomar a iniciativa e veja sua empresa avançar cada dia mais.

Examina uma propriedade e adquire-a;
planta uma vinha com as rendas do seu trabalho.
Provérbios 31:16

Seu cliente recebe um atendimento com qualidade?

E conhecereis a verdade, e a verdade vos libertará.
João 8:32

Você já ouviu o ditado "a honestidade é a melhor política". Mas se a empresa cometeu um erro e um cliente liga para se queixar, o atendimento que ele recebe é de qualidade? Consumidores odeiam desculpas esfarrapadas, principalmente as desonestas. Se você se esquivar de sua responsabilidade, perderá a credibilidade. Admita o erro e desculpe-se com o cliente pelas falhas. A seguir, tome as providências necessárias para evitar que o mesmo erro volte a acontecer.

Quando o cliente liga para confirmar a data de entrega de um produto ou da realização de um serviço, você fornece uma informação precisa? Não importa o que fizer, não se comprometa com datas que não pode cumprir, nem ofereça uma resposta evasiva só para se livrar da ligação. Quando as expectativas do cliente são discutidas de forma honesta, ele pode planejar apropriadamente. Mas se *enrolamos* para evitar o confronto, ele ficará ainda mais zangado. Ofereça respostas honestas e precisas desde o começo do processo, e não terá que se preocupar com nada. Os clientes apreciarão sua honestidade e voltarão para fazer novos negócios.

Há caminho que parece direito ao homem,
mas afinal são caminhos de morte.
Provérbios 16:25

Você dirige sua empresa sem se preocupar com planejamento?

Eu é que sei que pensamentos tenho a vosso respeito, diz o Senhor; pensamentos de paz e não de mal, para vos dar o fim que desejais.
Jeremias 29:11

O Senhor tem um plano para cada um de nós. Ele não fica flutuando de um dia para o outro, conforme o vento, inventando à medida que o tempo passa. É um Deus de ordem, sistemas e processos. É claro que não temos a capacidade de Deus de vislumbrar o fim desde o começo, mas se quisermos seguir o seu exemplo, estabelecendo e mantendo a ordem em nossos empreendimentos, também devemos olhar adiante e fazer planos.

Para começar, determine o período de um trimestre. Estabeleça três alvos significativos, de grande impacto sobre a empresa, para os próximos noventa dias. Escreva-os e comunique-os a sua equipe de trabalho. Quando todos enxergarem os alvos e rumos da empresa, serão motivados e despertados a assumir um senso de propósito, mesmo em circunstâncias difíceis.

Siga o exemplo do próprio Deus: estabeleça planos e observe como sua empresa cresce à medida que os alvos vão sendo alcançados.

Pondera a vereda de teus pés,
e todos os teus caminhos sejam retos.
Provérbios 4:26

Você respeita as hierarquias?

Quando acabou de falar, disse a Simão: Faze-te ao largo, e lançai as vossas redes para pescar. Respondeu-lhe Simão: Mestre, havendo trabalhado toda a noite, nada apanhamos, mas sob a tua palavra lançarei as redes.
Lucas 5:4,5

Nem sempre as pessoas que nos chefiam estão com a razão. Às vezes, até achamos que sabemos mais. No entanto, elas possuem algum tipo de autoridade sobre nós, e devemos respeitar a hierarquia.

Note no versículo acima como Simão Pedro respondeu a Jesus. Primeiro, explicou sua visão da situação; em seguida, submeteu-se voluntariamente à direção de Cristo. Se formos sábios, seguiremos este exemplo de Pedro. Se você discorda de seu chefe, converse com calma e respeito, explicando sua opinião. Se o chefe insistir em determinado curso de ação, proceda de acordo com ele, mesmo que discorde.

No mundo corporativo, o conhecimento e a experiência levam ao sucesso. É por isso que os bons gestores estarão certos na maioria das vezes. Não se esqueça: quando Simão Pedro atendeu o conselho de Cristo e lançou as redes, a pescaria foi pródiga!

O que trata da figueira comerá do seu fruto; e o que cuida do seu senhor será honrado.
Provérbios 27:18

Seus planos de incentivo dão os resultados esperados?

Os planos do diligente tendem à abundância,
mas a pressa excessiva, à pobreza.
Provérbios 21:5

Um princípio-chave da gestão de pessoas afirma que os resultados são proporcionais às recompensas. Quem quer motivar os funcionários a produzir resultados específicos deve oferecer os incentivos adequados. Isto requer planejamento cuidadoso.

Não se apresse em mudar o sistema de concessão de incentivos. Primeiro, faça uma análise cuidadosa do comportamento dos funcionários e dos resultados desejados. Por exemplo, o que é mais importante para o departamento de vendas: receita bruta ou margem de lucro? Se o melhor indicador do sucesso de sua empresa for a receita bruta, associe o sistema de comissões da equipe de vendedores ao total de vendas. Por outro lado, se alguns produtos são mais difíceis de vender, mas dão maior margem de lucro para a empresa, considere a possibilidade de aumentar o valor da comissão sobre eles.

No que diz respeito à produção, se a qualidade for o fator principal, veja se vale a pena condicionar os bônus ao aumento da qualidade. O mesmo critério pode ser aplicado à produtividade. Não importa quais sejam as suas prioridades, planeje cuidadosamente os incentivos a fim de obter resultados cada vez mais expressivos.

A alma generosa prosperará, e quem dá a beber será dessedentado.
Provérbios 11:25

Você tem raiva de algum colega de trabalho?

Porque a ira do louco o destrói, e o zelo do tolo o mata.
Jó 5:2

Ao permitir que a frustração e a raiva tomem conta de nós no ambiente de trabalho, prejudicamos a nós mesmos. Pesquisas médicas demonstram que a ira causa problemas de saúde, inclusive maior risco de ataques cardíacos. As explosões de raiva também destroem os relacionamentos e comprometem a capacidade de trabalhar em equipe.

Se um colega nos ofende ou prejudica, devemos pedir a Deus a graça para perdoá-lo, assim como nos perdoou. Se for necessário dar alguns passos a mais, é importante procurar calmamente que lhe ofendeu, dizendo com clareza e objetividade o que está acontecendo. A ira cresce quando deixamos de dar este passo importante. Talvez descubramos que a frustração baseia-se apenas em um mal-entendido.

Junto com seu colega de trabalho, busque uma solução que favoreça as duas partes. Ao se aproximar com humildade, reduzirá a chance de ele demonstrar raiva ou ficar na defensiva.

Substituindo a frustração pelo perdão, a ira pela ação positiva, impedimos que o processo negativo se desenvolva. No fim, todos se beneficiam da paz no ambiente de trabalho.

Melhor é o longânimo do que o herói da guerra, e o que domina o seu espírito, do que o que toma uma cidade.
Provérbios 16:32

Mesmo cumprindo as leis trabalhistas, você discrimina as pessoas?

Acerbamente vos repreenderá, se em oculto fordes parciais.
Jó 13:10

Todo mundo cresce com certos preconceitos. Idéias preconcebidas a respeito das pessoas, sejam elas baseadas em raça, gênero, classe social ou qualquer outra característica, criam um modo distinto de ver e avaliar o mundo que nos cerca.

Se há algum tipo de discriminação em nosso coração, Deus nos orienta a examinar os motivos e nos arrepender dessa atitude pecaminosa. A Bíblia nos instrui claramente a agir com imparcialidade. Peça a Deus que o ajude a ver a pessoa em sua totalidade. Sempre faça as escolhas de promoção e contratação baseadas no mérito, e não conforme suas preferências pessoais.

Considerando a competitividade no mercado de trabalho, não podemos permitir que o preconceito impeça o sucesso. Se fizermos escolhas sábias, contratando sem discriminação as melhores pessoas para a empresa, ela certamente prosperará.

Parcialidade no julgar não é bom.
Provérbios 24:23

Seus funcionários estão ocupando as posições para as quais são mais aptos?

Tendo, porém, diferentes dons segundo a graça que nos foi dada.
Romanos 12:6

A satisfação e a eficiência começam quando o trabalho combina com as aptidões, os interesses e as habilidades naturais do funcionário. Assim, quando precisar preencher uma posição na empresa, comece desenvolvendo um perfil completo e adequado para o profissional que deva ocupá-la. Descreva não somente as tarefas inerentes ao trabalho, como também o ambiente e as interações nas quais o funcionário se envolverá regularmente.

Em seguida, identifique as habilidades e as competências básicas necessárias para o sucesso nessa função, assim como os atributos que identificam o melhor candidato para a posição. Tendo em mãos essas informações-chave, a entrevista será mais eficaz, focando os requisitos específicos do cargo em questão. Combine a pessoa certa com o trabalho certo, assim como se escolhe a ferramenta mais adequada para determinada tarefa.

Contrate a pessoa mais adequada para o cargo a ser ocupado. Sua empresa funcionará como uma máquina bem lubrificada.

Não é bom proceder sem refletir, e peca quem é precipitado.
Provérbios 19:2

Você respeita seu gerente ou supervisor?

Porque os magistrados não são para temor, quando se faz o bem, e sim quando se faz o mal. Queres tu não temer a autoridade? Faze o bem e terás louvor dela.
Romanos 13:3

No ambiente corporativo, algumas coisas são bastante claras. Se você sempre chega atrasado para o trabalho e deixa de seguir as orientações, será demitido. É simples assim. Ainda que o medo de perder o emprego possa ser suficiente para manter um funcionário na linha, é muito melhor demonstrar respeito aos gerentes e supervisores fazendo um trabalho de qualidade e assumindo maiores responsabilidades. Se o comportamento do funcionário é exemplar, ele ganha confiança e louvor.

Quando fazemos o melhor que podemos, não é preciso temer a opinião do chefe. Respeite a autoridade e potencialize o sucesso de sua carreira.

Como o frescor de neve no tempo da ceifa, assim é o mensageiro fiel para com os que o enviam, porque refrigera a alma dos seus senhores.
Provérbios 25:13

Você dedica tempo a toda a equipe ou somente aos diretores e gerentes?

Tende o mesmo sentimento uns para com os outros; em lugar de serdes orgulhosos, condescendei com o que é humilde; não sejais sábios aos vossos próprios olhos.
Romanos 12:16

Todo bom gestor precisa de um par de sapatos confortáveis, com os quais deve ir aonde as coisas acontecem e conversar com os empregados de todos os níveis da empresa. Demonstre interesse autêntico, ouça o que eles dizem e estimule-os a dar opiniões e sugestões.

Se você anda apenas com os membros da direção ou da gerência, perde uma grande oportunidade de fazer a empresa crescer. Sugestões que valem milhões podem vir do escritório, da fábrica, do estoque ou da expedição. Todo funcionário, por mais humilde que seja sua posição, tem a possibilidade de oferecer boas idéias.

Quando dedicamos tempo à *gestão ambulante*, a motivação dos funcionários cresce e nos surpreendemos com o retorno que essa iniciativa representa para a empresa.

Antes da ruína, gaba-se o coração do homem, e diante da honra vai a humildade.
Provérbios 18:12

O objetivo da comunicação interna de sua empresa é ajudar e incentivar os funcionários?

Não saia da vossa boca nenhuma palavra torpe, e sim unicamente a que for boa para edificação, conforme a necessidade, e, assim, transmita graça aos que ouvem.
Efésios 4:29

Um erro comum entre os que estão em posição de comando, quando discutem assuntos importantes, é a tendência de fazer discursos ou falar com autoritarismo. Talvez este palavreado os faça sentir melhor, mas raramente ajuda. Na verdade, concentrar-se apenas no ponto de vista do gerente ou diretor pode impedir que se encontre a solução de um problema. Os funcionários podem se recusar a oferecer alternativas originais por medo ou pouca disposição de se opor a seus superiores.

Quando as questões precisam ser resolvidas entre gestores e funcionários de outros escalões, geralmente é melhor abrir primeiro os ouvidos, não a boca. Uma vez que tenhamos identificado cuidadosamente a questão, devemos ouvir o que os outros têm a dizer. Só diante da certeza de que entendemos a situação sob todos os pontos de vista é que focamos na solução, e não o problema.

Evite fazer prejulgamentos e ataques pessoais. Seja objetivo e disponha-se a ensinar o que sabe. Logo será recompensado ao constatar a boa comunicação interna e os melhores resultados alcançados pela empresa.

O ouvido que ouve e o olho que vê,
o Senhor os fez, tanto um como o outro.
Provérbios 20:12

Você delega responsabilidades ou tenta fazer tudo sozinho?

Sem dúvida, desfalecerás, tanto tu como este povo que está contigo; pois isto é pesado demais para ti; tu só não o podes fazer.
Êxodo 18:18

Uma das coisas mais difíceis de se aprender depois que se chega a algum tipo de posição de comando é como dirigir e gerenciar o trabalho, em vez de concentrá-lo todo em nossas mãos. É evidente que, se tentarmos fazer tudo, imporemos sérios limites à nossa eficiência.

Ao invés de nos envolver demais na produção, devemos delegar as responsabilidades e investir tempo no treinamento da equipe para que execute melhor cada tarefa. Defina as expectativas e apresente técnicas eficazes para alcançá-las. Em seguida, observe enquanto a outra pessoa exerce sua atividade. Use seu expertise para treinar, incentivar e dar apoio aos funcionários. Abra espaço suficiente para que outros se responsabilizem pelo processo e descubram a melhor maneira de se aperfeiçoar. Pode ser que você também aprenda algumas coisas novas.

Faça de sua equipe uma extensão de sua eficiência. Produção, eficácia e resultados se multiplicam quando capacitamos nossas equipes a assumir responsabilidades maiores e crescer em habilidade e produtividade.

Como o óleo e o perfume alegram o coração, assim, o amigo encontra doçura no conselho cordial.
Provérbios 27:9

Você é condescendente com o erro?

Porventura, não se dará resposta a esse palavrório? Acaso, tem razão o tagarela?
Jó 11:2

Quando uma pessoa de sua equipe comete um erro ou deixa de cumprir o prometido, confronte claramente a questão e peça uma explicação. Descubra o que aconteceu de errado e como este funcionário pretende corrigir o erro no futuro. Não permita que uma resposta evasiva obscureça os fatos. Insista em respostas honestas e objetivas.

Não permita que o erro saia impune. Faça perguntas até sentir-se satisfeito com a história verdadeira. Muitas questões pedem respostas do tipo "sim" ou "não". Insista nelas.

Lembre-se de que uma boa desculpa não justifica um mau resultado. Busque sempre a verdade para que sua empresa possa avançar.

Até a criança se dá a conhecer pelas suas ações, se o que faz é puro e reto.
Provérbios 20:11

Você é zeloso com cada setor de sua empresa?

O que trata da figueira comerá do seu fruto;
e o que cuida do seu senhor será honrado.
Provérbios 27:18

Um pessegueiro abandonado sem cuidados dá alguns frutos, mas a tendência é de que sejam pequenos, duros e azedos. A produção de uma safra abundante de frutos doces e suculentos requer trabalho e atenção constantes. Cada árvore precisa receber água, ser podada, desbastada. Alem do mais, é necessário cuidado contínuo para evitar as pragas.

Sua empresa é como uma árvore que exige cuidado e atenção contínuos a fim de produzir os melhores resultados. Pratique a *gestão ambulante* e descubra o que realmente ocorre em todas as áreas. Converse com os funcionários, faça perguntas importantes e ouça suas sugestões e reclamações.

Mantenha contato com seus clientes. Torne um hábito telefonar para eles e perguntar se estão satisfeitos, e aja rapidamente em caso de queixas e reclamações. Verifique pessoalmente a qualidade do produto ou serviço. Trabalhe para desenvolver continuamente seus processos e remova os obstáculos que impedem os funcionários de trabalhar com eficiência e produtividade.

O retorno dessa diligência diária é grande, permitindo que sua empresa produza os doces frutos do sucesso.

Vai ter com a formiga, ó preguiçoso,
considera os seus caminhos e sê sábio.
Provérbios 6:6

Sua empresa é focada em resultados ou há desperdício de tempo ou recursos?

O que lavra a sua terra virá a fartar-se de pão,
mas o que se ajunta a vadios se fartará de pobreza.
Provérbios 28:19

O gerenciamento de uma empresa é parecido com o de uma fazenda. Não há muito que o gerente ou o fazendeiro possam fazer para produzir resultados diretos. Sua responsabilidade principal é criar as condições certas para se alcançar os melhores resultados. São as pequenas tarefas diárias como capinar, irrigar e vigiar o tempo que resultam em colheita farta. A gerência bem-sucedida de uma empresa requer muito trabalho diário, mas a colheita valhe a pena.

É prioridade máxima manter a empresa funcionando bem. Identifique os problemas e busque soluções o quanto antes, garantindo as melhores condições para o crescimento. Valorize seus funcionários e remova os obstáculos que impeçam seu sucesso. Crie um ambiente de produtividade.

Deseja mais qualidade? Mantenha os banheiros limpos. Não existe melhor indicador de sua atitude quanto à qualidade do que o estado dos banheiros. Identifique as questões que precisam de solução para garantir ambiente propício ao crescimento e resolva-as da maneira mais adequada. Mantenha o foco sobre a criação de condições de crescimento e colherá muito sucesso no seu ramo de negócios.

O homem fiel será cumulado de bênçãos,
mas o que se apressa a enriquecer não passará sem castigo.
Provérbios 28:20

Você faz cursos ou seminários que ampliem seu potencial?

Vês a um homem perito na sua obra?
Perante reis será posto; não entre a plebe.
Provérbios 22:29

Quer ser valorizado na empresa e candidatar-se a uma promoção? Trabalhe sempre para melhorar seu desempenho e aprimorar suas habilidades. Os mais bem-sucedidos no mundo corporativo são os eternos aprendizes.

O eterno aprendiz faz cursos e seminários para ampliar o potencial, estudar para ampliar o conhecimento, lê revistas, boletins e livros relacionados ao trabalho que realiza e está sempre disposto a aprender com a experiência de outros profissionais bem-sucedidos. Busca recursos que permitam desenvolver seu conhecimento, sua habilidade e seu *expertise*.

Não existem desculpas para não melhorar seu desempenho. Identifique as três áreas mais fracas de seu trabalho e desenvolva um plano para aprimorar cada uma. Peça sugestões e apoio ao gerente ou supervisor. Não tenha medo de demonstrar alguma fraqueza. O desejo de melhorar é uma grande força, e a empresa estimulará seu desenvolvimento profissional.

Ao trabalhar diligentemente para se desenvolver profissionalmente, você crescerá em eficiência e eficácia, assim como será mais valorizado pela empresa.

O princípio da sabedoria é: Adquire a sabedoria; sim,
com tudo o que possuis, adquire o entendimento.
Provérbios 4:7

Você cuida da manutenção das instalações e dos equipamentos de sua empresa?

Passei pelo campo do preguiçoso e junto à vinha do homem falto de entendimento; eis que tudo estava cheio de espinhos, a sua superfície, coberta de urtigas, e o seu muro de pedra, em ruínas.
Provérbios 24:30,31

Numa fazenda, a lavoura não se estraga da noite para o dia. Isto também não acontece numa empresa. É a negligência constante que traz a ruína *repentina*. Se você não tomar cuidado, as instalações da empresa podem se deteriorar.

Inspecione regularmente o prédio, os escritórios, os galpões e os equipamentos. Peça aos gerentes e funcionários que ajudem a identificar quaisquer áreas que estejam abaixo do padrão ou exijam atenção redobrada. Faça da manutenção uma prioridade e inclua este custo necessário no orçamento. Faça uma lista de programas regulares de manutenção e aprimoramento, estabeleça um cronograma e implemente esses planos. O esforço diligente e o progresso contínuo evitarão o declínio gradativo.

Não permita que espinhos e abrolhos tomem conta de sua fazenda. Atenção e manutenção constantes mantêm as coisas funcionando tranqüilamente, motivam os funcionários e estimulam a produtividade e a lucratividade.

Um pouco para dormir, um pouco para tosquenejar, um pouco para encruzar os braços em repouso, assim sobrevirá a tua pobreza como um ladrão, e a tua necessidade, como um homem armado.
Provérbios 6:10,11

Você confia cegamente na integridade de toda a sua equipe?

Ora, o disse ele, não porque tivesse cuidado dos pobres; mas porque era ladrão e, tendo a bolsa, tirava o que nela se lançava.
João 12:6

Funcionários que furtam materiais, bens ou produtos constituem um grande problema para as empresas. Mesmo assim, muitos empresários e gerentes deixam de fiscalizar as atividades de suas equipes de trabalho. Não querem empreender esforços para desenvolver um sistema de supervisão ou têm receio de ofender alguém ao questionar sua integridade.

Não devemos suspeitar de todos, mas é preciso ter em mente que a maioria das pessoas que rouba de suas empresas é tida como gente de plena confiança até o momento em que é flagrada. Em outras palavras, não se pode exagerar nos cuidados.

A melhor forma de garantir a integridade patrimonial de sua empresa sem ofender as pessoas é pelo estabelecimento de procedimentos de revista em todos os níveis. Seja diligente, íntegro e justo. Lembre aos funcionários que esses sistemas existem para proteger tanto a eles quanto à empresa.

Coloque em funcionamento sistemas de segurança apropriados para evitar furtos em todas as áreas da sua empresa.

Como dente quebrado e pé sem firmeza, assim é a confiança no desleal, no tempo da angústia.
Provérbios 25:19

Algum funcionário se reporta a mais de um gerente?

Ninguém pode servir a dois senhores; porque ou há de aborrecer-se de um e amar ao outro, ou se devotará a um e desprezará ao outro. Não podeis servir a Deus e às riquezas.
Mateus 6:24

Numa era de corte de despesas e diminuição do quadro funcional, não é raro encontrar funcionários que dividem seu tempo para trabalhar em dois setores da empresa, reportando-se a mais de um gerente. Infelizmente, é difícil esta prática dar certo. A pessoa se desgasta ao tentar trabalhar sob dois comandos. Ou então, surgem conflitos quanto a expectativas ou tarefas que precisam ser realizadas.

A sua estrutura organizacional deve ser reavaliada. Se algum funcionário se reporta a dois departamentos diferentes, decida qual gerente será o supervisor principal. Estabeleça diretrizes claras e coerentes para os outros gerentes quanto ao modo como delegarão tarefas ao funcionário em questão. O plano deve ser simples, mas bem elaborado.

O gerente que perder o controle de supervisão talvez não goste, a princípio, do novo modelo, mas a frustração de todos será menor, no fim das contas.

O coração do sábio adquire o conhecimento, e o ouvido dos sábios procura o saber.
Provérbios 18:15

Ao detectar um problema, você se manifesta ou fica olhando para ver no que vai dar?

Mas, se o atalaia vir que vem a espada e não tocar a trombeta, e não for avisado o povo; se a espada vier e abater uma vida dentre eles, este foi abatido na sua iniqüidade, mas o seu sangue demandarei do atalaia.
Ezequiel 33:6

Ao perceber um problema em sua empresa, notifique seu supervisor. Não tenha medo de falar. Você tem o dever de dizer a verdade, ainda que a situação seja desagradável. A partir daí, a responsabilidade de agir com base na informação passa a ser de seu gerente ou supervisor.

Quando deixamos de agir imediatamente quando um problema se apresenta, somos responsáveis pelas conseqüências. Se apontarmos os sinais de perigo tão logo apareçam, o gerente ao qual nos reportamos ficará grato pela preocupação e pela contribuição para a empresa. A disposição de agir fortalecerá a equipe e aumentará a segurança no próprio ambiente de trabalho.

O que diz a verdade manifesta a justiça, mas a testemunha falsa, a fraude.
Provérbios 12:17

Cristãos devem perdoar um funcionário que não cumpre ordens?

O que encobre as suas transgressões jamais prosperará;
mas o que as confessa e deixa alcançará misericórdia.
Provérbios 28:13

Como cristãos, devemos agir como Jesus e ver o coração. Se um funcionário não cumpre uma orientação ou ignora a ordem que recebe, precisa ser imediatamente alertado sobre seu erro. É de se esperar que ele se arrependa e demonstre mudança de atitude e comportamento. Se isso não acontece, deve ser demitido.

Os funcionários precisam respeitar a hierarquia e a autoridade, caso contrário o resultado será a desordem total. O verdadeiro arrependimento é sempre seguido de transformação, pois é a mudança de comportamento que revela a mudança de coração.

Pense nisso e seu discernimento será mais apurado.

O que trata da figueira comerá do seu fruto;
e o que cuida do seu Senhor será honrado.
Provérbios 27:18

Você ouve as sugestões dos empregados ou só valem suas idéias?

Onde não há conselho fracassam os projetos,
mas com os muitos conselheiros há bom êxito.
Provérbios 15:22

Muitas vezes, pedimos aos funcionários que ofereçam sugestões e idéias sobre a empresa, mas não damos muita atenção às respostas. Quando deixamos de ouvi-los, é possível que algumas contribuições valiosas estejam se perdendo. Pense num sistema de captação de sugestões que ofereça recompensas em dinheiro ou benefício para as idéias práticas que forem implementadas.

Pedir sugestões é somente uma parte do processo. Crie um ambiente receptivo que estimule respostas claras e honestas. Não repreenda alguém que faça comentários críticos ou desafiadores. Seja grato pelos funcionários que se dispõem a falar, permitindo que expressem seu ponto de vista sem o risco de ser censurados.

Não ignore os funcionários mais quietos. Peça sugestões e espere a resposta. Um processo franco e honesto de perguntas e respostas oferece à sua empresa o benefício de colecionar conselhos sábios e enriquece as decisões empresariais.

Ouve o conselho e recebe a instrução,
para que sejas sábio nos teus dias por vir.
Provérbios 19:20

Você dispensa talentos que ainda não foram lapidados?

Sim, solicito-te em favor de meu filho Onésimo, que gerei entre algemas. Ele, antes, te foi inútil; atualmente, porém, é útil, a ti e a mim.
Filemon 10:11

Quando Paulo escreveu a Filemon em favor do escravo Onésimo, que voltava ao lugar de onde saíra, sugeriu que o moço anteriormente "inútil" havia se tornado "útil", um valioso trabalhador devido à sua conversão à Verdade.

Antes de despedir um funcionário que não tem um desempenho satisfatório, examine primeiro a si mesmo. Você o treinou corretamente para a tarefa? Esclareceu suas expectativas em relação ao cargo que ele ocupa? O funcionário dispõe dos recursos necessários para executar bem a tarefa? Você fez comentários construtivos quando houve necessidade de corrigir ou melhorar o desempenho?

Não meça esforços para burilar e lapidar um diamante bruto antes de desfazer-se dele. Se o fizer, talvez descubra um recurso humano de alto valor para a sua empresa.

Filho meu, não te esqueças dos meus ensinos, e o teu coração guarde os meus mandamentos.
Provérbios 3:1

Você costuma fazer julgamentos precipitados?

Responder antes de ouvir é estultícia e vergonha.
Provérbios 18:13

É comum encontrar gestores que só ouvem parte de uma história e se apressam em tirar conclusões. Basta ouvir aquilo que reforça seu ponto de vista para se considerar pronto para decidir e agir. A Bíblia chama a esta precipitação "estultícia". O que gerencia com sabedoria, ouve todos os lados antes de julgar.

Reserve tempo para ouvir todos os pontos de vista antes de tomar decisões importantes para sua empresa. Não abafe a iniciativa e a criatividade de seus funcionários por conta de sua precipitação, sob o risco de perder as melhores sugestões.

Ao levar em consideração as perspectivas de todos, não apenas demonstramos confiança nos membros da equipe, como também podemos tomar uma decisão melhor fundamentada e mais completa para a empresa.

Tens visto um homem precipitado nas suas palavras?
Maior esperança há para o insensato do que para ele.
Provérbios 29:20

O amor cristão é desculpa para ignorar os casos de insubordinação?

Homem de grande ira tem de sofrer o dano; porque, se tu o livrares, virás ainda a fazê-lo de novo.
Provérbios 19:19

Gente descontrolada não pode ser tolerada, mesmo que o objetivo seja o de manter a paz na equipe. Quando um funcionário perde o controle ou comete um ato de insubordinação, deve sofrer as conseqüências. Explique calmamente que as explosões de temperamento não serão toleradas no trabalho e insista sempre na importância de uma comunicação respeitosa em relação à gerência, aos outros funcionários e aos clientes. Se a situação requer um pedido de desculpas, exija-o.

É bom que a pessoa insubordinada se sinta mal depois. Deixe claro que, ocorrendo reincidência, ela arcará com as conseqüências. Alerte sobre o que poderá acontecer caso o comportamento se repita. Com o tempo, tal funcionário aprenderá a exercer o autocontrole, e o ambiente de trabalho será diretamente beneficiado.

Honroso é para o homem o desviar-se de contendas, mas todo insensato se mete em rixas.
Provérbios 20:3

Você acha que sua equipe é capaz de adivinhar o que você quer?

Da soberba só resulta a contenda, mas com os que se aconselham se acha a sabedoria.
Provérbios 13:10

É comum achar que nossos funcionários sabem exatamente o que queremos e como o queremos. Ficamos frustrados se eles não produzem os resultados que esperávamos. Porém, o que parece óbvio para nós nem sempre está claro para os outros, especialmente se lhes falta o mesmo nível de experiência.

Assuma a responsabilidade de transmitir aquilo que espera da equipe de maneira clara e completa. Defina detalhadamente as tarefas, estabeleça prazos razoáveis e certifique-se de que as pessoas tenham capacidade e experiência para realizá-las. Para trabalhos mais complicados, escreva as instruções e verifique se tudo foi bem compreendido.

Seguindo essas diretrizes, você verá menos conflitos na empresa, e os funcionários cometerão menos erros.

Atentai para a minha repreensão; eis que derramarei copiosamente para vós outros o meu espírito e vos farei saber as minhas palavras.
Provérbios 1:23

Já errou no pedido de um cliente por achar que sabia o que ele queria?

Da soberba só resulta a contenda, mas com
os que se aconselham se acha a sabedoria.
Provérbios 13:10

Quando recebemos pedidos dos clientes, é comum tentar acelerar o processo, presumindo o que eles querem, precisam ou esperam — especialmente se for um pedido que se repete com regularidade.

Proteja a si mesmo e à empresa utilizando uma rotina de perguntas. Certifique-se de que entende os critérios e as preferências do cliente. Repita para ele quaisquer especificações e estabeleça claramente o prazo de entrega, bem como os termos de pagamento.

Confirme os detalhes e escreva todos os pedidos especiais para não esquecer. Forneça informações claras e completas aos funcionários que cuidarão do pedido. Não presuma que eles saberão o que fazer sem instruções específicas.

Seja diligente nesses passos e estará servindo bem ao cliente, reduzindo a margem de erro e aprimorando a qualidade de seus produtos e serviços.

O bom siso te guardará, e a inteligência te conservará.
Provérbios 2:11

Você já se meteu em encrencas por orgulho ou medo de tirar dúvidas?

Da soberba só resulta a contenda, mas com os que se aconselham se acha a sabedoria.
Provérbios 13:10

Quando recebemos instruções, precisamos nos certificar de que as entendemos bem. Se não compreendermos plenamente as expectativas e as orientações do gerente ou supervisor, ou se tivermos algum receio ou orgulho de pedir esclarecimentos, podemos entrar na rota do fracasso. Perguntar não ofende. Ruim é deixar de fazer um bom negócio para a empresa.

Siga os seguintes passos simples para certificar-se de que entendeu tudo direitinho: 1) ouça com cuidado as instruções do gerente; 2) repita o que entendeu; 3) peça esclarecimento sobre qualquer ponto que tenha ficado obscuro.

Obter informações corretas desde o começo evita erros caros mais adiante e fortalece sua empresa.

Filho meu, ouve o ensino de teu pai e não deixes a instrução de tua mãe.
Provérbios 1:8

Você costuma cometer o mesmo erro com freqüência?

O que as mãos do homem fizerem ser-lhe-á retribuído.
Provérbios 12:14

Da próxima vez que se sentir tentado a apressar uma tarefa, livrar-se do cliente ao telefone ou fazer alguma coisa correndo só para satisfazer as exigências imediatas do gerente, lembre-se da verdade de Provérbios 12:14. Ela é uma faca de dois gumes. Quer façamos um trabalho excelente ou de péssima qualidade, as obras de nossas mãos geram algum tipo de retorno mais adiante.

Se achamos que nos falta tempo para focar cada etapa do trabalho, se tendemos a tirar conclusões precipitadas ou se não verificamos a precisão das coisas que fazemos, seremos obrigados a refazer o trabalho até acertar. Estudos demonstram que consertar o trabalho mal-feito requer muito mais tempo e dinheiro do que investir na qualidade no processo desde o início.

Se há tempo para refazer o trabalho, significa que poderia ter sido bem-feito na primeira vez. Garanta a qualidade de tudo quanto fizer.

Quem abre uma cova nela cairá;
e a pedra rolará sobre quem a revolve.
Provérbios 26:27

Você entra em pânico com facilidade?

Tu, porém, sê sóbrio em todas as coisas.
2Timóteo 4:5

Algumas *calamidades* do mercado, como perder consumidores, podem dar a impressão de que a empresa está a ponto de fechar as portas. O pânico é uma reação natural, mas jamais ajuda na situação e pode torná-la ainda pior.

Quando as circunstâncias são adversas, sente-se, respire fundo e comece a avaliar com calma a situação. Identifique o problema e os prejuízos para então pensar no que se pode fazer.

Se a questão for a perda de um cliente importante, telefone para ele e descubra o que causou a decisão de deixar sua empresa. Ouça atentamente e procure entender seus argumentos.

Em seguida, analise a possibilidade de tomar alguma providência que permita manter ou recuperar esse cliente. Pergunte se alguma mudança na empresa poderia fazê-lo rever a decisão. Qualquer que seja a resposta, aprenda a partir de seus erros e mude tudo que for necessário para evitar que outros clientes façam o mesmo.

Confia no Senhor de todo o teu coração e
não te estribes no teu próprio entendimento.
Provérbios 3:5

Você segue um planejamento ou faz as coisas torcendo para que tudo dê certo?

Os planos do diligente tendem à abundância,
mas a pressa excessiva, à pobreza.
Provérbios 21:5

Quando deixamos de planejar com antecedência, a empresa fica sem foco. Os funcionários não sabem quais são os objetivos nem do que precisam para continuar. Num mercado altamente competitivo e que muda o tempo todo, isso pode criar confusão quanto ao modo de investir tempo e recursos. Quando o cenário se complica, o resultado é desânimo e falta de perspectiva.

Elabore o planejamento da empresa. Estabeleça uma visão de como deve ser a empresa dentro de alguns anos e identifique objetivos claros, a curto e longo prazos. Quando estabelecer os objetivos, certifique-se de que sejam viáveis e permitam avaliações. Em seguida, defina planos de ação para transformar a visão em realidade.

À medida que os planos tomarem forma e a empresa progredir, você e sua equipe de trabalho verão o futuro com esperança e entusiasmo.

Confia ao Senhor as tuas obras,
e os teus desígnios serão estabelecidos.
Provérbios 16:3

Quais são os rumos de sua empresa?

Pois qual de vós, pretendendo construir uma torre,
não se assenta primeiro para calcular a despesa
e verificar se tem os meios para a concluir?
Lucas 14:28

No mundo corporativo, planejamento é um processo contínuo. Traduza o planejamento em alvos diários, semanais e mensais, ou terá dificuldade para atingir os objetivos de longo prazo.

Geralmente, há três ou quatro objetivos que, se alcançados, significam aumento de produtividade da ordem de 25% a 50% na empresa ou em seu departamento. Tire pelo menos metade de um dia a cada mês — que significa cerca de 2% de seu horário normal de expediente — para planejar as principais tarefas que deseja realizar nos próximos trinta dias. Defina por escrito os passos necessários para se completar cada tarefa.

Assim, descobrirá que um investimento de dois por cento de seu tempo poderá render um retorno de 1000% para sua empresa.

O coração do homem traça o seu caminho,
mas o Senhor lhe dirige os passos.
Provérbios 16:9

Você perde tempo em especulações e conjecturas ou procura se informar antes de tomar uma decisão?

E repele as questões insensatas e absurdas,
pois sabes que só engendram contendas.
2Timóteo 2:23

Algumas pessoas passam horas a fio debatendo questões empresariais sem conhecer todos os fatos. O resultado é confusão, desperdício de esforços e argumentos que não dão em nada, baseados apenas em conjecturas e opiniões.

O gerente sábio reúne todos os fatos antes de tomar decisões para a empresa. A pesquisa exige tempo e atenção, mas gera reuniões e conversas mais produtivas. Se for necessário reunir mais informações antes de se chegar a uma conclusão, adie a reunião por algumas horas ou alguns dias. Reúna-se novamente quando tiver todas as informações, e então tome as decisões necessárias.

Se as discussões forem baseadas em boas informações e todos trabalharem juntos para chegar às soluções, nossa energia, bem como as dos membros da equipe, serão direcionadas para o sucesso da empresa.

A língua dos sábios derrama o conhecimento,
mas o coração dos insensatos não procede assim.
Provérbios 15:7

Você termina tudo o que começa a fazer ou deixa pendências no caminho?

A sua pá, ele a tem na mão e limpará completamente a sua eira; recolherá o seu trigo no celeiro, mas queimará a palha em fogo inextinguível.
Mateus 3:12

Na colheita de trigo, o trabalho só pode ser considerado completo quando os grãos estão no celeiro e a eira está limpa. Só então o lavrador pode dizer, com satisfação, que a tarefa foi cumprida de fato. Quando se envolve em uma tarefa, você continua até completar o último detalhe ou deixa muitas pendências no caminho?

Ao dirigir ou assistir a reuniões, certifique-se de que cada tópico gere um plano de ação. Tome nota de tudo, registrando qualquer coisa que exija acompanhamento. Anote os prazos e o nome de quem é responsável por cada tarefa. Em seguida, inclua planos de ação em seu planejamento e faça o que deve ser feito. Se o seu trabalho for realizado com zelo, o desempenho será destacado o tempo todo.

Quem é negligente na sua obra já é irmão do desperdiçador.
Provérbios 18:9

Você busca sempre o crescimento profissional?

Procura apresentar-te a Deus aprovado, como obreiro que não tem de que se envergonhar, que maneja bem a palavra da verdade.
2Timóteo 2:15

Executivos bem-sucedidos consideram imprescindível melhorar continuamente o seu trabalho. Gestores que não aprendem nem crescem são passados para trás.

Assuma o compromisso de ler publicações sobre administração ou crescimento pessoal pelo menos a cada três meses. Assine e leia pelo menos uma revista ligada a seu ramo de atividade empresarial por mês. Freqüente pelo menos um seminário de atualização por ano. Exponha-se a novas idéias e diferentes pontos de vista.

Se você acha que sua agenda não comporta essas coisas, lembre que não pode deixar de encontrar tempo para atividades que o auxiliem no desenvolvimento profissional. Quando não se atualiza, você permite que a concorrência o ultrapasse e obtenha vantagens em relação aos consumidores. É necessário afiar sempre a lâmina da espada para mantê-la pronta para a batalha.

Feliz o homem que acha sabedoria, e o homem que adquire conhecimento; porque melhor é o lucro que ela dá do que o da prata, e melhor a sua renda do que o ouro mais fino.
Provérbios 3:13,14

Você sabe ouvir?

A esse respeito temos muitas coisas que dizer e difíceis de explicar, porquanto vos tendes tornado tardios em ouvir.
Hebreus 5:11

Quem quer ser mais eficaz no trabalho deve desenvolver a habilidade de escutar. Isto exige autodisciplina e o desejo autêntico de ouvir o que os outros têm a dizer.

Comece removendo todas as distrações. Tire os papéis de cima da mesa, concentre o olhar e apure os ouvidos. Fique quieto — não ande pela sala, não atenda ao telefone nem olhe os *e-mails*. Preste atenção no que a outra pessoa está dizendo, não em sua resposta.

Se você estava distraído no começo da conversa, pare e peça à pessoa para repetir o que disse. Ouça com atenção e repita tudo que ouvir para garantir que entendeu bem.

Oitenta por cento da boa comunicação é ouvir bem, não falar. Escute com atenção e você fará um trabalho de qualidade, que agradará os clientes.

Ouve, filho meu, e aceita as minhas palavras,
e se te multiplicarão os anos de vida.
Provérbios 4:10

Você admite seus erros diante de um cliente ou tenta esconder a sujeira embaixo do tapete?

Confessai, pois, os vossos pecados uns aos outros e orai uns pelos outros, para serdes curados.
Tiago 5:16

Quando não atingimos um objetivo, devemos admiti-lo com honestidade diante dos clientes. Tentar esconder nossos erros piora ainda mais a situação. A maioria das pessoas está disposta a perdoar um erro sincero, mas a desonestidade e as desculpas esfarrapadas são motivos suficientes para um consumidor nunca mais voltar.

A admissão de um erro começa com um pedido de desculpas, não com uma justificativa sem sentido. Pergunte como pode consertar a situação: devolvendo o dinheiro, substituindo um produto por outro ou reajustando as condições de pagamento. Nunca peça ao cliente que arque com as conseqüências do erro que você cometeu.

Determine ainda quais mudanças fará para evitar que o erro se repita. Comunique este compromisso ao cliente. Siga em frente, colocando essas mudanças em prática. Quando confessamos nossas falhas e nos responsabilizamos plenamente por elas, fazemos com que os clientes voltem e a empresa permaneça saudável.

O que encobre as suas transgressões jamais prosperará; mas o que as confessa e deixa alcançará misericórdia.
Provérbios 28:13

Você relaxa quando o ritmo dos negócios diminui?

O preguiçoso não lavra por causa do inverno, pelo que, na sega, procura e nada encontra.
Provérbios 20:4

Arar no outono é uma parte importante do trabalho da lavoura. É durante este período que se prepara o solo para a próxima etapa de crescimento, ainda que o plantio não comece antes da primavera. Porém, apesar de sua importância, alguns a consideram uma atividade secundária porque o ritmo de trabalho cai.

No ambiente de trabalho, quando alguma atividade parece caminhar muito devagar, evite a tentação de relaxar. Procure organizar tarefas que preparem a empresa para a próxima *estação*. Limpe as áreas de trabalho e escritórios, organize o estoque e faça reposição de inventário.

Viajando a negócios, aproveite para ler, fazer ligações do aeroporto e manter em dia a caixa de correspondência eletrônica.

Prepare sua empresa para o sucesso quando as coisas estiverem indo mais devagar, e você terá colheita farta na estação propícia.

Vai ter com a formiga, ó preguiçoso, considera os seus caminhos e sê sábio. Não tendo ela chefe, nem oficial, nem comandante, no estio, prepara o seu pão, na sega, ajunta o seu mantimento.
Provérbios 6:6,8

Nas reuniões da empresa, você começa falando ou prefere escutar primeiro?

Todo homem, pois, seja pronto para ouvir,
tardio para falar, tardio para se irar.
Tiago 1:19

Não tenha pressa de falar nas reuniões da empresa. Deixe que o líder estabeleça as regras básicas e dê a outros a chance de expressar seus pontos de vista. Aproveite o tempo para fazer anotações e refinar os aspectos que você ressaltará mais adiante.

Concentre-se na construção de um argumento lógico que contemple os prós e os contras da situação. Faça um pequeno resumo ou anotações para manter organizados os pensamentos. Quando estiver plenamente preparado, entre no debate. Aborde com segurança cada ponto, sustentando sua posição com as informações adequadas.

Se outros discordam de você, peça que expliquem suas razões. Ouça os comentários que fizerem e considere a sua resposta antes de contra-argumentar. Mais uma vez, não esqueça de fazer anotações. Se você acha inválidas as objeções que eles apresentarem, leve a discussão de volta aos fatos que sustentam a sua posição. Se sentir que está errado, seja humilde para admiti-lo.

Quando seguimos essas diretrizes, valorizamos nossa participação nas reuniões da empresa.

Ouvi, pois falarei coisas excelentes;
os meus lábios proferirão coisas retas.
Provérbios 8:6

Você tem um mentor que oriente sua carreira?

Crescia Jesus em sabedoria, estatura e graça, diante de Deus e dos homens.
Lucas 2:52

Uma forma de aumentar sua eficácia na empresa é encontrar um mentor. Trata-se de alguém que tem mais experiência empresarial e de vida que você, capaz de treiná-lo e dar conselhos úteis. Talvez encontre seu mentor na própria empresa, mas não é necessário. Na verdade, uma pessoa que trabalhe em outro lugar poderá até ser mais objetivo.

Para encontrar um mentor, procure uma pessoa com três qualificações fundamentais: maturidade espiritual, experiência empresarial extensa e temperamento semelhante ao seu. É interessante também que seja do mesmo sexo que você, para evitar problemas.

Ao abordar mentores potenciais, explique que você deseja aprender das suas experiências e beneficiar-se de sua perspicácia. Pergunte se estariam dispostos a se encontrar com você uma vez por mês, durante uma hora. Estabeleça um relacionamento franco e honesto com seu mentor, preste atenção e cresça em sabedoria.

Comprometa-se a reavaliar o resultado dentro de um ano. Alguns relacionamentos entre mentor e mentoreado duram um período curto de tempo; outros, a vida toda.

Se clamares por inteligência, e por entendimento alçares a voz.
Provérbios 2:3

Como você mantém a liderança de sua empresa?

Amor e fidelidade preservam o rei,
e com benignidade sustém ele o seu trono.
Provérbios 20:28

A legitimidade da liderança se estabelece e se preserva a partir da lealdade tanto em relação a clientes quanto a colegas de trabalho, e quando se conduz um empreendimento de acordo com os princípios da justiça. Se o ambiente de trabalho for agradável e oferecer apoio, com encorajamento apropriado e compensação justa, seus funcionários serão estimulados a servir com fidelidade a você e à empresa.

Ao assumir um compromisso com os consumidores de oferecer preços justos, procurando sempre melhorar a qualidade dos produtos ou serviços, eles voltarão e ainda trarão os amigos. A lealdade é uma estrada de duas mãos. À medida que ganhamos a confiança por conta de nossa coerência e credibilidade, os clientes permanecem fiéis e apóiam nossa liderança, e a empresa continua a crescer e prosperar.

Muitos proclamam a sua própria benignidade; mas o homem
fidedigno, quem o achará? O justo anda na sua
integridade; felizes lhe são os filhos depois dele.
Provérbios 20:6,7

Você está disposto a garantir os seus produtos e serviços, ainda que isto custe dinheiro?

Os meus olhos procurarão os fiéis da terra, para que habitem comigo; o que anda em reto caminho, esse me servirá.
Salmos 101:6

Um elemento fundamental da integridade profissional é a garantia dos produtos e serviços. Sua política de devolução favorece o cliente ou a empresa? Você procura satisfazer o cliente ou discute se deve ou não ressarci-lo?

Quando chegam as queixas — e, em algum momento, todos recebem —, você entra na defensiva ou ouve o cliente para chegar a soluções razoáveis? Certa vez, ouvi um empresário gabar-se de que economiza milhares de dólares mantendo uma política de não devolver artigos defeituosos depois de trinta dias.

Se tiver de errar, erre a favor do cliente. Desenvolva uma solução generosa que permita que ele vá para casa feliz. Se alguém não está satisfeito, aceite de volta o produto. Talvez perca lucros a curto prazo, mas ganha a lealdade do consumidor, que é de grande valor, e garante o sucesso a longo prazo.

O homem fiel será cumulado de bênçãos, mas o que se apressa a enriquecer não passará sem castigo.
Provérbios 28:20

Você oferece produtos e serviços da mais alta qualidade?

Tudo quanto te vier à mão para fazer,
faze-o conforme as tuas forças.
Eclesiastes 9:10

Na correria para manter a produtividade ou a expedição funcionando sem atrasos, você abre mão da qualidade do trabalho? Ao lutar para manter os custos da empresa dentro de parâmetros que não prejudiquem a competitividade, às vezes somos tentados a economizar ou comprometer a qualidade. Não caia nesta armadilha! Desenvolva um padrão que garanta a mais alta qualidade de todos os seus produtos e serviços.

Transmita a seus empregados um senso de orgulho pelos produtos e serviços da empresa. Insista cada vez mais em qualidade superior, e faça sua equipe assumir a responsabilidade por manter deste padrão. Vigie a qualidade até mesmo quando o cliente não notar imediatamente seus efeitos.

Pense na instalação de uma placa no departamento de expedição dizendo: "Se você não se orgulha de nossos produtos, não os envie". Permita que os funcionários vetem a entrega de qualquer produto que não tenha a qualidade desejada. Se construir uma reputação de qualidade e coerência, terá multidões de clientes.

Dois pesos e duas medidas, uns
e outras são abomináveis ao Senhor.
Provérbios 20:10

Você quer ser promovido?

A mão diligente dominará, mas a remissa
será sujeita a trabalhos forçados.
Provérbios 12:24

Muitos funcionários desejam ser promovidos, mas o que se dispõe a merecer tal promoção geralmente é quem ganha. Identifique uma posição que você gostaria de alcançar. Permita que seu gerente tome conhecimento de seu interesse. Comece a trabalhar diligentemente para alcançar seu propósito.

Não negligencie suas responsabilidades atuais. Cumpra fielmente o que sua posição atual exige enquanto se prepara para o próximo passo. Peça sugestões ao gerente ou supervisor quanto a áreas em que pode melhorar e ajuste rapidamente as áreas mais fracas. Procure envolver-se em mais treinamento ou matricule-se em cursos que o preparem melhor. Qualquer avanço custará alguma coisa; portanto, determine o limite de sacrifício e dedique-se ao esforço necessário para se atingir o próximo passo.

O gerente observa e valoriza quem demonstra diligência e desempenho eficiente, confiando-lhe maior autoridade.

O que trabalha com mão remissa empobrece,
mas a mão dos diligentes vem a enriquecer-se.
Provérbios 10:4

O que fazer com funcionários cujo trabalho está abaixo dos padrões?

Todo ramo que, estando em mim, não der fruto, ele o corta;
e todo o que dá fruto limpa, para que produza mais fruto ainda.
João 15:2

Temos a responsabilidade de estabelecer critérios claros para a qualidade e a quantidade de trabalho que se espera dos funcionários. Se o trabalho de um funcionário estiver abaixo do esperado, corrija a deficiência.

Comece monitorando o desempenho, elogiando o bom serviço e identificando áreas mais fracas. Se a produção de alguém for inferior ao mínimo aceitável, explique quais as mudanças necessárias. Se a baixa qualidade for mantida, envie um aviso por escrito, detalhando o que precisa ser corrigido. Pergunte ao funcionário como pode ajudá-lo a melhorar.

Persistindo o problema, o funcionário deve ser demitido. É provável que a pessoa não esteja apta para aquela função, e continuaria a *patinar*, por mais que se esforçasse. Procure aumentar a produtividade e sua empresa produzirá muitos frutos.

De que serviria o dinheiro na mão do insensato para
comprar a sabedoria, visto que não tem entendimento?
Provérbios 17:16

Você incentiva seu gerente?

Ora, as mãos de Moisés eram pesadas; por isso, tomaram uma pedra e a puseram por baixo dele, e ele nela se assentou.
Êxodo 17:12

Diz o ditado que "o cume da montanha é muito solitário". É verdade. Conforme a responsabilidade aumenta, o gestor sente-se cada vez mais isolado e desanimado. Ele precisa de incentivo e apoio moral.

Quando o gerente fizer algo que você aprecia, manifeste-se. É importante que ele saiba que tomou boas decisões. Elogie seus bons exemplos de liderança.

Procure descobrir como ajudar o gerente em suas responsabilidades. Quando ajudamos a *erguer as mãos* do líder, o sucesso vem para todos.

Entusiasmo e encorajamento passam de um para outro. Se você elogia os esforços do chefe, certamente ele se motivará para exercer uma liderança mais positiva. Melhor liderança, por sua vez, resulta em maior sucesso para a empresa, o que beneficia a todos.

Em todo tempo ama o amigo, e na angústia se faz o irmão.
Provérbios 17:17

Você consegue se recompor depois de um fracasso?

Se cair, não ficará prostrado, porque o Senhor o segura pela mão.
Salmos 37:24

Desafios e dificuldades provam nossa fé e nos fortalecem. O mesmo se aplica no ambiente de trabalho. Se você sofreu um revés em sua empresa, pare um momento e avalie o que deu errado. Analise se é preciso ajustar seu planejamento ou mudar completamente de curso, e volte à competição.

Bons gerentes muitas vezes aprendem mais com as falhas e reveses do que com o sucesso. Quando as coisas vão mal, identifique uma ou duas coisas que podem ser aprendidas da experiência.

Aplique o *princípio do fracasso* quando entrevistar candidatos a empregos. Peça que comentem dois ou três erros que tenham cometido e o que aprenderam com a experiência. Procure exemplos em que o candidato tenha sofrido uma perda, mas aprendeu uma grande lição.

A chave para vencer a adversidade é aprender com os erros, e não pagar duas vezes pela mesma lição.

Inclina o ouvido, e ouve as palavras dos sábios,
e aplica o coração ao meu conhecimento.
Provérbios 22:17

Você estuda o trabalho da concorrência?

Envia homens que espiem a terra de Canaã.
Números 13:2

Pesquisar a concorrência é um fator de sucesso que costuma ser ignorado. Quanto melhor compreendemos a concorrência, melhores as nossas chances de vencer no mercado. Porém, muitas pequenas e médias empresas simplesmente não se esforçam para isso.

Evite qualquer coisa ilegal ou antiética, mas faça o que for possível para conhecer seus concorrentes. No mínimo, verifique seus *websites*, propagandas, impressos e materiais de marketing, e familiarize-se com seus produtos e serviços. Melhor ainda: passe pela sede da empresa concorrente para sentir como funciona e avalie a qualidade do serviço que eles oferecem. Faça um pedido, se for conveniente, para verificar como eles entregam os produtos e como tratam os clientes.

Se estudarmos bem o trabalho da concorrência, podemos tomar decisões que impulsionem ainda mais a empresa.

Se disseres: Não o soubemos, não o perceberá aquele que pesa os corações? Não o saberá aquele que atenta para a tua alma? E não pagará ele ao homem segundo as suas obras?
Provérbios 24:12

Os clientes confiam em você?

Disse-lhe o Senhor: Muito bem, servo bom e fiel; foste fiel no pouco, sobre o muito te colocarei; entra no gozo do teu Senhor.
Mateus 25:21

Um especialista em computação bancária se gabava de manter as caixas eletrônicas funcionando 98,5% do tempo. O presidente do banco comentou: "Isto quer dizer que nossos clientes não conseguem tirar o dinheiro 2,5 horas por semana — e você está satisfeito?"

A credibilidade nas pequenas coisas se revelará nas maiores. A atenção com os detalhes gera mais qualidade, e qualidade vende. O compromisso de melhorar continuamente, em vez da acomodação com o que já foi conquistado, gere uma cultura empresarial focada no desenvolvimento da qualidade dos serviços e produtos oferecidos ao cliente.

A companhia de relógios Timex construiu sua reputação sobre a promessa de que seu produto "apanha e continua funcionando". Se você colocar este tipo de qualidade em seu produto ou serviço, fidelizará seus clientes. Não se contente em apenas atender as expectativas do consumidor — esforce-se em superá-las.

Os bens que facilmente se ganham, esses diminuem, mas o que ajunta à força do trabalho terá aumento.
Provérbios 13:11

Você sofre quando precisa tomar uma decisão difícil?

Como suportaria eu sozinho o vosso peso,
a vossa carga e a vossa contenda?
Deuteronômio 1:12

Aceite a responsabilidade pelas decisões que precisa tomar e aja. Não empurre as decisões que foram delegadas a você para outro, se estiverem no âmbito de sua autoridade. Crie o hábito de resolver problemas, e não de criar novos.

Porém, se estiver hesitante diante de uma decisão e precisar de ajuda, não permita que o orgulho o impeça de pedir ajuda. Não há motivo para conflito se a experiência e perspectiva do chefe podem solucionar a questão de maneira mais rápida e eficiente. O segredo está em saber quando é hora de pedir ajuda.

Ao se aproximar do gerente, resuma a questão, apresente seu ponto de vista e peça seu conselho. A maioria dos gerentes se dispõe, ou até mesmo deseja ajudar na hora de se tomar uma decisão complicada, especialmente quando você fez seu *trabalho de casa* direitinho.

Aprenda com o exemplo do chefe, e você desenvolverá a habilidade de tomar decisões difíceis.

Porquanto a sabedoria entrará no teu coração,
e o conhecimento será agradável à tua alma.
Provérbios 2:10

Você se considera uma pessoa acomodada?

Disse Josué aos filhos de Israel: Até quando sereis remissos em passardes para possuir a terra que o Senhor, Deus de vossos pais, vos deu?
Josué 18:3

Com o passar dos anos, atingimos certos graus de conforto nos quais damos conta do trabalho, mas não somos desafiados por ele. Em tempos assim, precisamos procurar pela oportunidade seguinte e agir.

Saia do seu escritório ou ambiente de trabalho e atraia um novo cliente. Lance uma nova linha de produção na qual pensou durante meses, ou aplique uma inovação que estava estudando. Vivemos num mundo dinâmico, e manter as coisas como são raramente será boa opção. Vá em frente ou prepare-se para ser empurrado para trás.

O sucesso aguarda quem o agarra com ímpeto —, mas não espera muito. Saiba quando e como prosseguir na criação de novas oportunidades, gerar crescimento contínuo e promover seu progresso.

Um pouco para dormir, um pouco para tosquenejar, um pouco para encruzar os braços em repouso, assim sobrevirá a tua pobreza como um ladrão, e a tua necessidade, como um homem armado.
Provérbios 24:33,34

As informações que você transmite à equipe são claras e honestas?

Nada acrescentareis à palavra que vos mando,
nem diminuireis dela, para que guardeis os mandamentos
do Senhor, vosso Deus, que eu vos mando.
Deuteronômio 4:2

Às vezes, queremos minimizar uma orientação vinda da direção para proteger nossos funcionários do que consideramos palavras duras. Usamos a rispidez da mensagem como desculpa para não tratar a questão de maneira franca e sincera.

Infelizmente, ao poupar palavras, muitas vezes pioramos a situação, em vez de melhorá-la. Se a diretoria disse que, não havendo um aumento de 20% na produtividade, a fábrica seria fechada, não há como disfarçar e fingir que isto não é verdade.

Desonesto também é deixar de explicar a mensagem toda. Assim como você espera que seus subordinados passem adiante os recados que você dá, é preciso transmitir as mensagens de seus superiores.

O melhor é ser sempre franco e honesto. Assim, todos sabem de suas posições e cada funcionário pode fazer sua parte para alcançar os objetivos necessários. Conhecimento é poder, e compartilhar o conhecimento fortalece os funcionários, mesmo quando a verdade é dura de se ouvir.

Melhor é a repreensão franca do que o amor encoberto.
Provérbios 27:5

Você *sua a camisa*?

Dai, e dar-se-vos-á; boa medida, recalcada, sacudida, transbordante, generosamente vos darão; porque com a medida com que tiverdes medido vos medirão também.
Lucas 6:38

Certa vez, um funcionário queixou-se porque voltava para casa cansado quase todos os dias. Embora ache que ele queria me fazer sentir pena, encorajei-o a manter sua firmeza, dando o melhor de si no trabalho. Às vezes, falhamos em nossa liderança ao nos concentrar nos sacrifícios pessoais, ao invés de focar o trabalho que temos à frente.

Concordo que não devamos nos arrastar para casa absolutamente exaustos depois de um dia de trabalho, mas não há nada de anormal em sentir cansaço depois de uma jornada de trabalho. Se queremos colher os melhores resultados, devemos nos dispor a *suar a camisa*.

Invista toda a sua energia e seus esforços a cada dia, e naturalmente alcançará o sucesso.

O preguiçoso deseja e nada tem, mas a alma dos diligentes se farta.
Provérbios 13:4

Você dá passos ousados, mas recua ao primeiro sinal de adversidade?

Não é isso o que te dissemos no Egito: deixa-nos, para que sirvamos os egípcios? Pois melhor nos fora servir aos egípcios do que morrermos no deserto.
Êxodo 14:12

O lançamento de novos projetos requer um compromisso ousado de prosseguir, ainda que a luta seja grande. Se não focarmos nosso propósito, as perspectivas podem se deturpar. Assim como os israelitas que olharam para trás com saudades da escravidão do Egito, podemos começar a pensar que, no passado, as coisas eram bem melhores. No entanto, olhar para trás cria o risco de se perder as bênçãos em potencial da estrada que ainda não trilhamos.

Muitas vezes, ao implementar uma grande mudança na direção da empresa, a motivação dos funcionários fica comprometida até que os resultados positivos sejam compreendidos e percebidos por cada participante da equipe. Prepare-se para continuar exercendo uma liderança eficiente durante esses momentos mais difíceis.

Confronte os seus temores, e não se acomode na antiga zona de conforto. O desafio do qual fugimos é exatamente aquele que devemos enfrentar primeiro. Comece por aí, depois vá em frente. No início, sentirá certo desconforto, que será substituído pela confiança e pelo sucesso.

Fogem os perversos, sem que ninguém os persiga; mas o justo é intrépido como o leão.
Provérbios 28:1

Você tem ótimas idéias, mas depois se esquece delas?

Escrevei-as nos umbrais de vossa casa e nas vossas portas.
Deuteronômio 11:20

Todas as idéias têm o seu valor, e algumas significam muito para a sua empresa. Se não consegue se lembrar de suas melhores idéias, poderá perder grandes oportunidades. Cultive o hábito de escrever todas as idéias novas em sua agenda, num bloco ou num pedaço de papel.

Selecione por tópico as idéias para encontrá-las com facilidade. Crie um fichário de idéias onde guarda todas. Preocupe-se menos com o formato do que com a criação e a manutenção do sistema.

Separe tempo todo mês para examinar suas idéias. A leitura das mais antigas pode despertar o pensamento para atualizá-las e desenvolvê-las ainda mais. Algumas podem ser usadas agora, outras terão que esperar para depois e ainda outras serão descartadas. Mas o importante é documentar, deixar por escrito as idéias para não perdê-las.

Ata-os aos dedos, escreve-os na tábua do teu coração.
Provérbios 7:3

Seu cliente tem um bom atendimento?

Assim, porque és morno e nem és quente nem frio,
estou a ponto de vomitar-te da minha boca.
Apocalipse 3:16

Se desejamos sucesso no mercado competitivo de hoje, é preciso paixão pela qualidade no atendimento. Limitar-se a iniciativas como o Serviço de Atendimento ao Consumidor acabará destruindo a empresa. Não pense que só a qualidade do produto sustenta todo o peso do sucesso.

Imagine como é ruim tomar um café expresso morno na sua lanchonete preferida e o garçom dizer: "É o melhor que posso fazer". Na oportunidade seguinte, você toma o cafezinho em outro lugar, não é?

Dedique-se a oferecer ao cliente somente o melhor serviço. Peça comentários dos consumidores e sugestões para aprimorar o atendimento. Em seguida, trabalhe incansavelmente para colocar em prática essas idéias. Se não puder desenvolver uma paixão sincera pela qualidade no atendimento, talvez esteja na profissão errada.

Melhor é um prato de hortaliças onde há amor
do que o boi cevado e, com ele, o ódio.
Provérbios 15:17

Você coloca Deus em primeiro lugar?

Guardai, pois, as palavras desta aliança e cumpri-as,
para que prospereis em tudo quanto fizerdes.
Deuteronômio 29:9

A empresa dirigida conforme princípios bíblicos cresce e prospera. Quando aplicamos com fidelidade a Palavra de Deus em nosso ramo de negócios, os clientes serão atraídos pela integridade, pela confiabilidade, pela disposição de servir e pela qualidade dos produtos.

Da mesma forma, os funcionários se sentirão bem em fazer parte de uma empresa que demonstra visão, justiça, fidelidade, misericórdia, verdade e interesse genuíno no bem-estar daqueles que nela trabalham.

Talvez uma pessoa não cristã tenha dificuldade para entender os fundamentos de seu compromisso com a qualidade e o serviço, mas quando perguntarem, esteja pronto para falar da importância da salvação, da verdade da Palavra de Deus e de sua aplicação prática na empresa e na vida.

Entregando sua empresa ao Senhor e andando em integridade, terá sempre muitos clientes, os funcionários permanecerão leais e sinceros e sua empresa crescerá em retidão e bênçãos.

A justiça exalta as nações, mas o pecado é o opróbrio dos povos.
Provérbios 14:34

Você exige o que não é capaz de oferecer?

Hipócrita! Tira primeiro a trave do teu olho e, então, verás claramente para tirar o argueiro do olho de teu irmão.
Mateus 7:5

Que espécie de exemplo você dá aos seus funcionários? Chega no trabalho na hora certa? Cumpre os compromissos com os clientes e as promessas aos outros membros da equipe? Ou seu estilo de gerência é do tipo "faça o que digo, não o que faço"?

Como empresários e gestores, ao assumir compromissos diante dos outros, crescemos em autoridade para delegar responsabilidades. Mas se nosso próprio padrão é diferente do que exigimos dos subordinados, enfraquecemos nossa credibilidade e roubamos a motivação dos funcionários.

Gostemos ou não, nossos atos falam mais alto do que nossas ordens. Os gestores mais eficazes constroem a confiança mediante integridade, coerência e esforço. A sua liderança será enriquecida quando der exemplo de dignidade em sua empresa.

Até a criança se dá a conhecer pelas suas ações, se o que faz é puro e reto.
Provérbios 20:11

Você acha que vale mais do que recebe?

Rogo-vos, pois, eu, o prisioneiro no Senhor, que andeis de modo digno da vocação a que fostes chamados.
Efésios 4:1

Uma reclamação comum entre funcionários é que não recebem tanto quanto acham que valem como profissionais. Mas você já fez uma análise da relação entre custos e benefícios do seu trabalho?

Primeiro, calcule o valor de seu tempo para o patrão ou para a empresa, incluindo os benefícios e incentivos sociais. Muitas vezes, nos esquecemos desses benefícios, que aumentam muito o custo de um funcionário. Em seguida, calcule o valor do trabalho que você produz. O seu trabalho excede o seu custo? O melhor meio de obter e manter estabilidade é valer mais do que se recebe de pagamento, porque a empresa não tem como manter uma pessoa que receba mais do que vale.

Trate cada dia, cada hora de trabalho como um bem valioso e aproveite-o ao máximo, porque tempo é dinheiro. Faça diferença em sua empresa para se tornar indispensável. Assim, alcançará estabilidade, sucesso e satisfação.

A obra do justo conduz à vida,
e o rendimento do perverso, ao pecado.
Provérbios 10:16

Você administra bem seu tempo?

Ensina-nos a contar os nossos dias,
para que alcancemos coração sábio.
Salmos 90:12

Durante o expediente, enfrentamos muitas pressões e demandas. Se não cuidarmos das prioridades e trabalharmos primeiro nas coisas mais importantes, nos afogamos em tarefas urgentes, mas não necessariamente importantes.

Antes de começar cada dia, faça uma lista das tarefas mais importantes. Estabeleça as prioridades e comece pelas coisas mais importantes. Mantenha o foco, consulte a lista durante o dia e risque cada item que completar.

Sabendo que as interrupções são inevitáveis, separe tempo para atender a telefonemas e mensagens de *e-mail*, mas não deixe que essas tarefas tomem conta de seu tempo. Desenvolva estratégias para minimizar as interrupções e distrações. Fique firme nas tarefas fundamentais, e as prioridades serão atendidas.

Como passa a tempestade, assim desaparece o perverso,
mas o justo tem perpétuo fundamento.
Provérbios 10:25

Você estimula o trabalho em equipe?

Levai as cargas uns dos outros e, assim, cumprireis a lei de Cristo.
Gálatas 6:2

Há pouco tempo, eu estava com um amigo num restaurante, quando o gerente trouxe água e tomou nota de nossos pedidos de refrigerantes. Alguns minutos depois, um garçom trouxe as bebidas e anotou o pedido do cardápio. Quando serviram a comida, outra pessoa trouxe os pratos quentes para a mesa. Depois que comemos, comentei com o gerente do restaurante sobre o trabalho de equipe que observamos.

Ele me agradeceu e explicou como treinava os funcionários: "Se percebemos uma necessidade, entramos e ajudamos. Se um pedido for feito e o garçom não estiver disponível, outro garçom dá a mão e serve a comida enquanto está quentinha".

Nenhuma empresa terá sucesso se não houver um bom trabalho de equipe. Portanto, instile em seu pessoal este tipo de atitude: ajudar uns aos outros para atender bem a necessidade do cliente. Faça de si mesmo o modelo e insista que todos sigam seu exemplo. Recompense publicamente exemplos de trabalho de equipe bem executado e corrija com firmeza as falhas de cooperação. Estimule os funcionários a se verem como integrantes de uma equipe, e assim a empresa será bem-sucedida.

O generoso será abençoado, porque dá do seu pão ao pobre.
Provérbios 22:9

Seu passado o condena?

Não vos lembreis das coisas passadas, nem considereis as antigas. Eis que faço coisa nova.
Isaías 43:18,19

Todo mundo erra. Profissionais bem-sucedidos sabem como recolher os cacos de experiências de fracasso e prosseguir. Aprenda com os erros para não repeti-los, mas não se apavore com um passo em falso ou tropeção ocasional. Continue olhando em frente.

Estabeleça um plano para vencer obstáculos comuns ou repetitivos. Se puder evitar, não pague duas vezes pela mesma experiência. Desenvolva, passo a passo, um plano de ação, verificando o progresso em cada passo.

Quando aprendemos com os erros do passado, não precisamos mais olhar com pesar o que já ficou para trás. Hoje é um novo dia, cheio de novas possibilidades e oportunidades. Crie algo novo e vá em frente com confiança, alcançando o sucesso em seus empreendimentos.

Porque sete vezes cairá o justo e se levantará.
Provérbios 24:16

Você deixa de investir em treinamento para economizar?

Ele adestrou as minhas mãos para o combate, de sorte que os meus braços vergaram um arco de bronze.
Salmos 18:34

Deixar de treinar os funcionários gera prejuízos maiores devido à rotativi-dade, à ineficiência e às deficiências profissionais.

- Sai caro demais, e não querem investir em pessoas que poderão ser cooptadas pela concorrência.
- Os gerentes estão ocupados demais com as próprias responsabilidades, e não se preocupam em planejar e implementar treinamento efetivo.
- O treinamento impede as pessoas de "cumprir o expediente".

Embora seja verdade que um bom treinamento exija investimento de dinheiro, tempo e planejamento, deixar de treinar os funcionários gera prejuízos maiores devido à rotatividade, à ineficiência e às deficiências profissionais.

Estudos demonstram que o treinamento de funcionários em serviço proporciona uma eficiência de 10% a 35% maior, requer pouco investimento de dinheiro e pode resultar em maior lealdade e compromisso com a empresa.

Estabeleça agora um programa de treinamento. Identifique as necessidades dos seus funcionários, e então desenvolva um plano de ação. Treine bem e lucre muito.

Aceitai o meu ensino, e não a prata, e o conhecimento, antes do que o ouro escolhido.
Provérbios 8:10

Você contrata pessoas interessadas em aprender?

Não repreendas o escarnecedor, para que te não aborreça; repreende o sábio, e ele te amará.
Provérbios 9:8

Ao entrevistar candidatos a vagas em sua empresa, peça que comentem três exemplos de lições que aprenderam com os gerentes anteriores. Se eles não conseguem pensar em um só caso, considere como sinal de alerta. Muitas vezes, um funcionário não aprende porque *não quer* aprender.

Quando encontrar candidatos desejosos e capazes de aprender em serviço, pergunte o que esperam de você e da empresa. Se as respostas revelarem ambição positiva, alinhada com as necessidades corporativas, é provável que tenha encontrado um funcionário que vai longe.

Faça as perguntas certas para determinar a atitude mais apropriada antes de contratar um candidato. Assim, formará uma equipe de alto nível para um crescimento a longo prazo.

Lança fora o escarnecedor, e com ele se irá a contenda; cessarão as demandas e a ignomínia.
Provérbios 22:10

Você toma decisões sem levar em conta a política da empresa?

Quem guarda o mandamento não experimenta nenhum mal;
e o coração do sábio conhece o tempo e o modo.
Eclesiastes 8:5

O funcionário que toma decisões sem levar em conta as políticas da empresa é um *canhão solto*. Como marinheiros experientes, os gerentes aprendem rapidamente a evitar *canhões soltos* ou encontram um meio de fixá-los no convés.

Ancore suas decisões sobre procedimentos e planos da companhia. Não pense sempre que o seu próprio jeito vai ser melhor. Se tiver uma sugestão para melhorar, trabalhe através dos canais adequados para propor a idéia ao gerente ou supervisor.

Escolha a hora certa para conversar com o chefe sem interromper seu trabalho, e peça tempo suficiente para fazer a sua proposta. Apresente as vantagens de seu plano e os resultados esperados. Peça a opinião de seu superior. Esteja disposto a responder perguntas e modificar o plano.

Conduza suas idéias através dos canais competentes e aumentará o seu valor como integrante da equipe.

A longanimidade persuade o príncipe.
Provérbios 25:15

Você cuida bem do patrimônio de sua empresa?

Pela muita preguiça desaba o teto,
e pela frouxidão das mãos goteja a casa.
Eclesiastes 10:18

Quando nos concentramos em terminar uma tarefa, às vezes nos escapam os pequenos detalhes concernentes à manutenção da ordem do ambiente de trabalho. Com o tempo, esses detalhes se transformam em grandes defeitos e exigem reparos dispendiosos. Não foque tanto na produção a ponto de esquecer da manutenção do patrimônio de sua empresa.

Dedique pelo menos uma hora por mês para circular pelo escritório, pelo galpão ou pelo estoque com um bloco nas mãos. Anote todas coisas que necessitam de reparos ou manutenção. Elabore um plano que inclua a lavagem das janelas, a aspiração dos carpetes, a limpeza regular dos banheiros. Arrume outras partes do prédio conforme surgirem as necessidades.

Um telhado não vaza de repente. Geralmente, começa com algumas telhas soltas, isolamento gasto ou problemas com o escoamento. A manutenção regular resolve essas coisas de início e evita problemas maiores.

Fique de olho em seu prédio; cuide regularmente dele, assegurando-se de que a manutenção seja realizada.

Com a sabedoria edifica-se a casa,
e com a inteligência ela se firma.
Provérbios 24:3

Você cumpre as promessas que faz?

Melhor é que não votes do que votes e não cumpras.
Eclesiastes 5:5

No esforço de motivar os funcionários, às vezes somos tentados a prometer o que nem sempre conseguiremos cumprir — por exemplo, um aumento proporcional à produtividade. Porém, se ajustes salariais dependem da aprovação da diretoria, estamos nos colocando em posição de risco. Voltar atrás depois de fazer uma promessa destrói a motivação da equipe e desqualifica nossa liderança.

Tome cuidado para não se comprometer com alguma coisa que foge a sua alçada. Se as decisões exigem aprovação final por parte de outra chefia, não aja como se dependesse apenas de você. Não faça comentários sobre promoções e aumentos salariais até obter completa aprovação de seus superiores.

Se fizer apenas as promessas que tem condições de cumprir, todos apreciarão sua integridade e sua honestidade.

O bom siso te guardará, e a inteligência te conservará.
Provérbios 2:11

Você muda de fornecedor com muita freqüência?

Tudo quanto, pois, quereis que os homens vos façam, assim fazei-o vós também a eles.
Mateus 7:12

Queremos que nossos clientes permaneçam conosco nos bons e nos maus momentos, mas estamos dispostos a estender o mesmo compromisso a nossos fornecedores? Ou pulamos de um barco para outro toda vez que um novo vendedor aparece com preço mais baixo?

Todo mundo quer economizar, mas antes de mudar de fornecedor, descubra o custo desta decisão. Quanto tempo os seus funcionários gastarão se ajustando a uma nova realidade? O novo fornecedor será tão confiável quanto o anterior no que diz respeito à qualidade e ao prazo de entrega? Trabalhará com você para solucionar problemas? Trata-se de um fornecedor financeiramente estável, pronto para atender suas demandas?

Relacionamentos a longo prazo com fornecedores e vendedores muitas vezes dão melhores resultados. Eles conhecem as suas necessidades. Seu desempenho e sua confiabilidade já foram estabelecidos. Se a questão for custo, dê a eles uma oportunidade de, pelo menos, igualar a oferta da concorrência. Não se apresse em mudar de fornecedor, a não ser que os benefícios superem em muito os custos para sua empresa.

Não abandones o teu amigo, nem o amigo de teu pai.
Provérbios 27:10

Você está disposto a aprender com seus subordinados?

Porque na muita sabedoria há muito enfado;
e quem aumenta ciência aumenta tristeza.
Eclesiastes 1:18

O gerente que deseja crescer e se desenvolver precisa estar disposto a aprender com seus subordinados. Pode ser duro ouvir comentários sinceros das pessoas sobre as quais exercermos um cargo de chefia. No entanto, muitas vezes são elas que possuem uma visão mais clara de nossos pontos fortes e fracos.

Se você se dispõe a se arriscar, peça a seus funcionários três recomendações sobre como você pode melhorar sua liderança. Permita que se sintam seguros para fazer comentários honestos. Ouça-os com atenção e não fique na defensiva.

Se receber críticas constantes, é provável que tenham razão nos comentários. Leve isto ao Senhor, mude o comportamento e fortaleça-se naquilo que está fraco. Quando abrir sua mente para a crítica construtiva — ainda que venha de seus subordinados —, sua liderança se tornará mais eficaz e a equipe toda se fortalecerá.

Ouvi o ensino, sede sábios e não o rejeiteis.
Provérbios 8:33

Você é uma pessoa totalmente confiável?

Porém não se pediu conta do dinheiro que se lhes entregara nas mãos, porquanto procediam com fidelidade.
2Reis 22:7

O dicionário Aurélio define "fiel" como "digno de fé", "o que cumpre aquilo a que se obriga", "honrado", "íntegro", "probo". Isto descreve o seu desempenho no trabalho? Você sempre cumpre o que promete? É confiável? Demonstra lealdade ao chefe e à empresa?

A credibilidade comprovada edifica a confiança do gestor. Com a confiança vem mais autoridade e responsabilidade.

Se você ainda não provou ser confiável, não é tarde demais para fazer o que é certo agora. Comece a desenvolver as características de lealdade, fidedignidade, diligência e perseverança. Aplique este padrão em suas decisões cotidianas, medindo com este critério o trabalho de cada dia, e começará a estabelecer uma reputação de credibilidade.

Muitos proclamam a sua própria benignidade; mas o homem fidedigno, quem o achará?
Provérbios 20:6

Você organiza reuniões importantes ou discussões sem rumo?

Assim corro também eu, não sem meta;
assim luto, não como desferindo golpes no ar.
1Coríntios 9:26

Todos nós já assistimos a reuniões maçantes, nas quais se divaga de um assunto a outro sem solucionar nada. Aproveite ao máximo as suas reuniões, mantendo o foco e o tema no rumo certo. Antes de marcar uma reunião, certifique-se de que ela é realmente necessária. Não perca tempo com reuniões inúteis.

Resolva quais objetivos ou decisões importantes serão abordados e deixe tudo muito claro. Escreva um plano, definindo os assuntos a ser tratados, bem como o tempo necessário para cada tema.

Use este plano para manter o foco do grupo. Se a discussão começar a divagar, volte rapidamente ao assunto em pauta, lembrando a todos os objetivos. Quando tiver as informações necessárias, ou quando for tomada uma decisão, termine a reunião.

Você alcançará mais resultados e seus funcionários serão mais produtivos se as reuniões forem produtivas.

Ouvi o ensino, sede sábios e não o rejeiteis.
Provérbios 8:33

Quais são seus critérios para determinar aumentos salariais?

Não há no Senhor, nosso Deus, injustiça,
nem parcialidade, nem aceita ele suborno.
2Crônicas 19:7

Algumas pessoas são mais fáceis de lidar do que outras. Com elas, vemos olho no olho, partilhamos dos mesmos interesses e temos perspectivas em comum. Quando essas pessoas são nossos funcionários, é grande o risco de agirmos com favoritismo. Na hora de avaliar, devemos ser objetivos e imparciais.

A Bíblia ensina claramente que devemos evitar a parcialidade. Precisamos estabelecer, por escrito, objetivos claros para cada posição a fim de evitar a subjetividade. Defina antecipadamente quais resultados serão considerados melhores, satisfatórios ou inaceitáveis.

Comunique aos funcionários com clareza esses critérios e certifique-se de que entendam. Avalie todos os candidatos com base no mesmo sistema. Se os funcionários sabem o que se espera deles e percebem que há objetividade nos critérios de avaliação, é natural que se promova e recompense os melhores da equipe.

O rei que julga os pobres com eqüidade
firmará o seu trono para sempre.
Provérbios 29:14

Seus funcionários trabalham com ferramentas de qualidade?

Eis que farei de ti um trilho cortante e novo,
armado de lâminas duplas.
Isaías 41:15

Poucas coisas são mais frustrantes do que a necessidade de trabalhar sem ferramentas adequadas ou com o equipamento defeituoso. Não se pode dar aos funcionários ferramentas de segunda categoria e esperar resultados de primeira qualidade. No mercado atual, é fundamental *afiar a lâmina do machado*, tanto para lenhadores quanto nas grandes empresas. Ferramentas que funcionam bem, material de escritório de qualidade e máquinas ou *softwares* de última geração garantem maior produtividade e permitem que todos trabalhem com mais eficiência.

Adquira o melhor equipamento que puder. Não faça economia de palitos. Equipamento de melhor qualidade geralmente dura mais. Portanto, encare este tipo de despesa como um investimento a longo prazo. Se os seus funcionários estiverem bem equipados com as ferramentas necessárias para o cumprir bem suas tarefas, a empresa crescerá e o lucro será muito maior do que o investimento.

O crisol prova a prata, e o forno, o ouro;
mas aos corações prova o Senhor.
Provérbios 17:3

Você sabe apresentar seus argumentos?

Apresentai a vossa demanda (...) Alegai as vossas razões.
Isaías 41:21

Quando você está diante de uma iniciativa que exige a aprovação de seu gerente ou supervisor, não se intimide. Primeiro, prepare cuidadosamente o que vai apresentar e peça uma reunião com ele. Obtendo a atenção do chefe, apresente os fatos e a sua proposta. Fale das ações que precisam de aprovação e dê detalhes dos resultados esperados.

Prepare tudo mediante pesquisa, e apóie sua posição em fatos, não só em impressões pessoais. Enfatize os argumentos convincentes e ignore os mais fracos. Se o chefe prefere determinada forma de apresentar as informações, faça do jeito dele. Mantenha o foco da conversa e, no fim, não se esqueça de pedir que ele tome uma decisão.

Preparando-se adequadamente, adaptando a apresentação do assunto para o jeito preferido do chefe e expondo com ousadia o caso, o efeito será mais forte e valorizará sua imagem diante do seu superior.

A longanimidade persuade o príncipe,
e a língua branda esmaga ossos.
Provérbios 25:15

Você seria fiador de uma dívida da empresa?

Não estejas entre os que se comprometem e ficam por fiadores de dívidas, pois, se não tens com que pagar, por que arriscas perder a cama de debaixo de ti?
Provérbios 22:26,27

Freqüentemente, pede-se dos empresários que sirvam de fiador para dívidas que a empresa contrai, mas, sempre que possível, devemos evitar isto. Garantias deste tipo colocam em risco todos os bens pessoais, no caso de a firma não conseguir pagar a dívida.

Nunca ofereça uma garantia pessoal para dívidas da empresa sem o consentimento de seu cônjuge. Geralmente, a casa é incluída numa fiança, e o casal pode perder seu lar, caso a empresa não pague.

Seja conservador no financiamento, cuidadoso ao se comprometer. Mantenha sua casa como seu lar, e não a use como garantia de empréstimos.

Filho meu, se ficaste por fiador do teu companheiro (...)
livra-te, como a gazela, da mão do caçador e,
como a ave, da mão do passarinheiro.
Provérbios 6:1,5

Seu padrão de vida é mantido com o sacrifício dos funcionários?

Não tenha cada um em vista o que é propriamente seu,
senão também cada qual o que é dos outros.
Filipenses 2:4

Os melhores empresários pagam dignamente os seus funcionários, mantendo suas próprias retiradas dentro dos parâmetros de investimento da empresa. Se não é possível pagar um salário competitivo, o empresário não pode agir de maneira egoísta. É bom ganhar bem e ter uma boa casa, mas não às custas do sacrifício dos funcionários.

No antigo Oriente Médio, os pastores não comiam até que suas ovelhas se fartassem, e não descansavam enquanto as ovelhas não estivessem seguras. Cuidando primeiro do rebanho antes de cuidar de si, o pastor protegia seu meio de subsistência e a fonte de sua renda.

Quando os funcionários sabem que você luta pelos interesses deles, tornam-se mais leais, apreciam seu cuidado com o bem-estar da equipe e sentem-se seguros por trabalhar numa empresa íntegra. Cuide bem dos funcionários, e eles cuidarão bem de sua empresa.

Melhor é o pouco, havendo justiça,
do que grandes rendimentos com injustiça.
Provérbios 16:8

Você honra o Senhor com os seus bens?

Trazei todos os dízimos à casa do tesouro (...) e provai-me nisto, diz o Senhor dos Exércitos, se eu não vos abrir as janelas do céu e não derramar sobre vós bênção sem medida.
Malaquias 3:10

Você entrega o dízimo dos lucros de sua firma, e não apenas de suas retiradas ou de seu salário? Quando o sustento da obra do Senhor for prioridade de sua empresa, ele promete abençoá-lo com maior abundância.

Além do mais, ele nos chama a honrá-lo na forma de conduzir os negócios. Cumpra os compromissos e a sua palavra. Pague as contas no prazo certo, ofereça salários razoáveis. Produza material e serviço de qualidade e busque exceder as expectativas do cliente.

Manter coerentemente esta prática honra o Senhor e resulta em prosperidade para sua empresa.

Honra ao Senhor com os teus bens e com as primícias de toda a tua renda, e se encherão fartamente os teus celeiros, e transbordarão de vinho os teus lagares.
Provérbios 3:9,10

Você valoriza cada membro da equipe?

Porque também o corpo não é um só membro, mas muitos.
1Coríntios 12:14

O presidente ou diretor executivo pode ser o líder e membro mais visível da empresa, mas todo funcionário tem papel importante a desempenhar, e todos merecem ter seu valor reconhecido.

Separe alguns minutos para avaliar cada membro de sua equipe. Escreva uma ou mais características importantes de cada um e uma área em que a contribuição desta pessoa é especialmente importante. Faça questão de dizer a cada um o que você aprecia nele e como seu trabalho contribui para o sucesso de seu departamento e da empresa.

Um elogio sincero encoraja a alma. Se você desenvolve o hábito de notar o que seus subordinados fazem bem e dedicar tempo para elogiá-los, a motivação dos funcionários será maior e sua equipe se fortalecerá.

Palavras agradáveis são como favo de mel: doces para a alma e medicina para o corpo.
Provérbios 16:24

Você administra bem o tempo quando visita as filiais?

Foi para isso que eu vo-lo enviei, para que saibais
a nosso respeito, e ele console o vosso coração.
Efésios 6:22

Viagens para fazer reuniões com seus funcionários de outras cidades são caras e tomam tempo. Planeje com cuidado para aproveitar ao máximo a visita. Elabore uma agenda prévia e providencie cópias para todos, a fim de que tenham tempo de se preparar.

Deixe claras as suas expectativas, incluindo os resultados que espera e quais as informações de que necessita. Comunique qualquer mudança na política e no procedimento da empresa, assim como todas as questões importantes que afetarão os funcionários da filial.

Se você trabalha na sede, lembre-se de que é um emissário *da cúpula*. Separe tempo para se encontrar com as pessoas estratégicas, ouvir que elas têm a dizer e mantê-las motivadas. Antes de ir embora, certifique-se de que a mensagem foi ouvida, entendida e será atendida.

Planeje bem as visitas às filiais e aproveite ao máximo o tempo de viagem e o orçamento.

Como o frescor de neve no tempo da ceifa, assim é
o mensageiro fiel para com os que o enviam,
porque refrigera a alma dos seus senhores.
Provérbios 25:13

Você procura ajudar os colegas de trabalho?

Sujeitando-vos uns aos outros no temor de Cristo.
Efésios 5:21

Você não precisa ser gerente para ajudar e encorajar outros funcionários. Se notar que um colega de trabalho está agindo de maneira inadequada com um cliente, deixando de atendê-lo ou cometendo alguma outra falha, você é responsável diante de sua empresa e daquele funcionário.

Devemos nos aproximar sempre com espírito de humildade, mas isto não quer dizer que precisamos nos calar. Escolha bem a hora, fale sozinho com a pessoa e certifique-se de que os comentários são brandos e construtivos.

Simplesmente diga o que você observou e sugira alternativas para lidar com a situação. Ofereça ajuda e peça comentários construtivos da outra pessoa também. Se o seu conselho for aceito, terá contribuído para o desenvolvimento profissional de seu colega e para o sucesso da empresa. Se ele responder de modo negativo ou hostil, simplesmente se afaste e não entre em contenda.

Ajude os colegas a melhorar e toda a empresa se fortalecerá.

O caminho para a vida é de quem guarda o ensino,
mas o que abandona a repreensão anda errado.
Provérbios 10:17

Você recebe bem os novos funcionários?

Pois vou preparar-vos lugar.
João 14:2

Sabemos que, quando chegarmos ao Céu, o Senhor estará completamente preparado para nos receber. Fazemos bem se aplicamos o mesmo princípio quando da contratação de um novo funcionário.

Não espere a chegada do novo funcionário para elaborar um plano de orientação. Antes do primeiro dia de trabalho daquele colega ou subordinado, certifique-se de que o lugar está preparado, com uma mesa designada para ele, o telefone funcionando e as ferramentas de trabalho no lugar certo.

Estabeleça uma lista e marque cada item importante do primeiro dia. Apresente o novo funcionário aos colegas de trabalho e aos principais gerentes, dê uma volta pelo prédio, fale das responsabilidades inerentes à função e explique como o trabalho dele apóia os resultados finais da empresa. Dê tempo para que absorva tudo, mas não o deixe sentado muito tempo sem ter o que fazer.

No primeiro dia, apresente um panorama geral. Seu novo funcionário se sentirá bem-vindo e começará o trabalho a todo vapor.

Para obter o ensino do bom proceder,
a justiça, o juízo e a eqüidade.
Provérbios 1:3

Você *entrega os pontos* à toa?

Respondeu Davi a Saul: Teu servo apascentava as ovelhas de seu pai; quando veio um leão ou um urso e tomou um cordeiro do rebanho, eu saí após ele, e o feri, e livrei o cordeiro da sua boca; levantando-se ele contra mim, agarrei-o pela barba, e o feri, e o matei.
1Samuel 17:3,35

Uma das qualidades fundamentais dos empresários bem-sucedidos é a tenacidade frente à adversidade, uma atitude de nunca entregar os pontos, que busca obter vitória mesmo que arrancada das garras de cada derrota.

Se você perder um cliente, telefone e tente encontrar um jeito de ele voltar a negociar com a empresa. Continue telefonando para outros que deseja atrair. A persistência tem recompensa.

Se tiver dificuldades com a qualidade do equipamento ou de um produto, mantenha o foco na solução das causas principais até conseguir corrigir o problema todo. Se um funcionário importante saiu da empresa, deixando seu trabalho incompleto, mexa naquele fichário, entre com tudo e complete o projeto. Sejam quais forem os problemas que enfrentar na empresa, a persistência tenaz acaba gerando bons dividendos.

Sobre tudo o que se deve guardar, guarda o coração, porque dele procedem as fontes da vida.
Provérbios 4:23

Você mantém boa relação com os fornecedores?

Assim, o artífice anima ao ourives, e o que alisa com o martelo, ao que bate na bigorna, dizendo da soldadura: Está bem feita.
Isaías 41:7

O fundidor trabalha para produzir o metal usado pelo artesão. Geralmente, é o artesão que recebe o louvor. Mas se o fundidor não for diligente, impurezas permanecerão no metal, resultando em defeitos que podem prejudicar o trabalho do artesão.

Em alguns casos, o resultado final de nosso trabalho depende mais de outras pessoas do que de nosso esforço. Por exemplo, um garçom não pode servir uma boa refeição se o cozinheiro não a preparar bem. Se formos sábios, elogiaremos e apoiaremos os que sustentam nosso sucesso, suprindo os materiais que utilizamos. Demonstre interesse autêntico no trabalho de seus fornecedores e expresse seu apreço pela qualidade dos seus esforços. Agindo assim, o trabalho que eles executam continuará sendo de primeira qualidade.

Então, eu estava com ele e era seu arquiteto, dia após dia, eu era as suas delícias, folgando perante ele em todo o tempo.
Provérbios 8:30

Sua empresa foi construída sobre fundamentos sólidos?

Portanto, assim diz o Senhor Deus:
Eis que eu assentei em Sião uma pedra, pedra já provada, pedra preciosa, angular, solidamente assentada.
Isaías 28:16

As empresas, grandes e pequenas, que obtêm sucesso de longo prazo geralmente têm em comum diversos ingredientes básicos. Um elemento essencial para o sucesso é o fundamento sólido sobre o qual foram construídas.

Os fundamentos mais fortes se baseiam em três pilares: 1) um fundamento ético, que determina como os negócios são conduzidos, incluindo integridade e qualidade dos produtos e serviços comercializados; 2) um fundamento financeiro, que prepara o solo para o crescimento e mantém a empresa livre de dificuldades antes de ela ser capaz de andar com os próprios pés; 3) um fundamento de desempenho, que inclui compromissos com muito trabalho, qualidade e disposição para atender as necessidades dos clientes.

Uma vez assentados esses pilares, a sua empresa terá um fundamento sólido para o crescimento sustentável.

Não removas os marcos antigos que puseram teus pais.
Provérbios 22:28

Você celebra as vitórias de seus colegas ou morre de inveja?

Alegrai-vos com os que se alegram.
Romanos 12:15

Quando outros vendedores fazem uma grande venda ou conseguem novas contas, é hora de celebrar. Faça a sua parte na construção de um trabalho de equipe e de um clima de encorajamento: parabenize quem merece.

Se outra pessoa sugere uma nova linha de produtos ou um processo de trabalho mais eficiente, não seja pedra de tropeço: aplauda a inovação e dê o seu apoio. Aprenda com o sucesso do outro. Pergunte como ele conseguiu aquela conta ou concebeu aquela idéia e aplique os mesmos princípios em seu próprio trabalho. Use as vitórias de seus colegas como catalisadores para seu próprio pensamento criativo, e deixe surgir as suas próprias idéias ou ajude a refinar as dos outros.

Lembre-se: todos ganham quando surgem novos negócios e se implementam novas idéias. Mas todos perdem se algumas pessoas ficam ressentidas ou falam mal dos vitoriosos. Participe de coração da alegria dos colegas, e logo estará celebrando seu próprio sucesso.

Como maçãs de ouro em salvas de prata,
assim é a palavra dita a seu tempo.
Provérbios 25:11

Sua equipe está preparada para grandes empreendimentos?

Então, deu ordem Josué aos príncipes do povo, dizendo: Passai pelo meio do arraial e ordenai ao povo, dizendo: Provede-vos de comida, porque, dentro de três dias, passareis este Jordão, para que entreis na terra que vos dá o Senhor, vosso Deus, para a possuirdes.
Josué 1:10,11

Quando chegou a hora de entrar na Terra Prometida, Josué delegou a seus comandantes a responsabilidade de mobilizar o povo. Em duas frases curtas, ele lhes disse claramente o que fazer, até quando e qual era o objetivo.

Use o mesmo modelo com a sua equipe. Quando surgem iniciativas empresariais que exigem ação, chame seus principais líderes, declare com clareza o objetivo, defina o que se espera de cada membro da equipe e estabeleça um prazo para atingir o alvo. Obtenha a colaboração de todos e ponha mãos à obra!

Quando o propósito é claro e os deveres são delegados, poucas palavras de direção são necessárias para iniciar a ação. Depois, observe como os alvos principais são alcançados.

Ouvi, pois falarei coisas excelentes;
os meus lábios proferirão coisas retas.
Provérbios 8:6

Você permite que as aparências afetem seu julgamento na hora de promover um funcionário?

Não julgueis segundo a aparência, e sim pela reta justiça.
João 7:24

Ao identificar os candidatos a uma promoção, a tendência é a de se olhar as aparências, como o modo de a pessoa se vestir, se tem uma boa conversa ou o quão ocupada parece estar quando passamos por ela. Porém, para tomar decisões sábias, devemos olhar além da superfície e fazer algumas perguntas estratégicas:

- Qual a qualidade e a quantidade de trabalho desse funcionário?
- Ela cumpre os compromissos em tempo hábil?
- Quando surgem problemas, a pessoa trabalha de forma construtiva para chegar a uma solução, aponta o dedo para os outros ou tira o corpo fora?
- Como esta pessoa é vista pelos colegas de trabalho? É respeitada? Sua liderança é aceita normalmente ou é difícil conviver com ela?

Não se deixe enganar pelas aparências. Veja a pessoa de forma integral, além da superfície, e sua decisão será acertada.

O sábio é cauteloso e desvia-se do mal, mas o insensato encoleriza-se e dá-se por seguro.
Provérbios 14:16

Você é uma pessoa sempre disposta a melhorar?

O coração do sábio adquire o conhecimento,
e o ouvido dos sábios procura o saber.
Provérbios 18:15

Algumas pessoas costumam dizer: "Se não está quebrado, não tente consertar". Em muitas situações, isto é verdadeiro, mas seria melhor dizer: "Se não está quebrado, descubra um jeito de melhorar". No mínimo, precisamos nos dispor a quebrar o hábito de ficar sempre na mesma rotina e começar a descobrir maneiras novas e melhores de conduzir o trabalho.

Comece examinando sua atitude. Você realmente deseja melhorar? Então, avalie seus processos, faça uma revisão de seus procedimentos e identifique uma ou duas maneiras de melhorar. Peça a sugestão de outros, especialmente dos colegas e de seu chefe. Esteja preparado para escutar e implementar o que ouviu.

Mantenha a disposição de melhorar sempre, e sua empresa crescerá e se aperfeiçoará.

Quando removido o feno, aparecerem os renovos
e se recolherem as ervas dos montes.
Provérbios 27:25

Você toma decisões precipitadas?

Todo prudente procede com conhecimento,
mas o insensato espraia a sua loucura.
Provérbios 13:16

Alguns empresários se gabam por tomar decisões rápidas e fazer julgamentos instantâneos. Mas nem sempre a rapidez é virtude. Embora muitas decisões não exijam grande atividade cerebral, outras exigem muita reflexão para evitar que se cometa erros. Não é raro alguém se arrepender por coisas que disse sem pensar.

Desenvolva o hábito de parar um pouco para pesar a opinião ou tomar uma decisão. Certifique-se de que conhece a situação por inteiro — já ouviu todos os lados e considerou os vários pontos de vista.

Se for necessário dedicar algum tempo à reflexão para fazer uma escolha sábia, não se precipite. A confiança das outras pessoas em juízo e em sua capacidade de resolver as coisas crescerá quando virem que você leva todos os aspectos da questão em consideração.

Pense antes de agir, e suas escolhas sábias levarão adiante o sucesso da empresa.

Filho meu, se o teu coração for sábio, alegrar-se-á também o meu;
exultará o meu íntimo, quando os teus lábios falarem coisas retas.
Provérbios 23:15,16

Você aprende com seus erros?

Porque sete vezes cairá o justo e se levantará.
Provérbios 24:16

Todos nós falhamos algumas vezes. Mas se o fracasso é mesmo o canteiro do sucesso, devemos continuar a crescer, ainda que pareça que fomos enterrados junto com nossos erros. O segredo está em identificar o que deu errado, aprender como corrigir o rumo e continuar seguindo em frente.

Harland Sanders sofreu diversos reveses nos negócios, mas continuou a perseverar até iniciar a rede de restaurantes que lidera a comercialização de frango frito nos Estados Unidos, a Kentucky Fried Chicken (KFC). Da mesma forma, dizem que Thomas Edison fracassou dez mil vezes antes de aperfeiçoar a lâmpada incandescente.

Da próxima vez que errar, não tente encobrir o erro. Seja sincero quanto a suas falhas. Peça a amigos e colegas empresários as opiniões deles sobre o que deu errado e como melhorar. Aprenda com seus erros e persevere, e certamente encontrará o sucesso.

Os teus olhos olhem direito, e as tuas pálpebras, diretamente diante de ti.
Provérbios 4:25

Sua liderança é focada?

Rúben, tu és meu primogênito (...) O mais excelente em altivez e o mais excelente em poder. Impetuoso como a água, não serás o mais excelente.
Gênesis 49:3,4

A água é uma força poderosa param o bem ou para o mal. Dominada, é enorme fonte de energia e transporta grandes quantidades de mercadorias. Porém, quando excede os seus limites, inunda tudo, causando estragos. O mesmo acontece com alguns lideres. Enquanto utilizam corretamente seu poder, geram grandes benefícios; fora de controle, produzem estragos irreparáveis.

Se você quer fazer uma diferença positiva em sua empresa, pense um pouco sobre como concentrar seus esforços. Foque essas áreas mais importantes. Não se deixe levar por cada onda que surge para distraí-lo: siga em frente, rumo ao alvo. Atenção e energia bem focadas são a melhor fonte de poder para sua empresa.

Não é bom proceder sem refletir, e peca quem é precipitado.
Provérbios 19:2

Você tem idéia do quanto seu trabalho afeta os demais?

Caindo a árvore para o sul ou para o norte,
no lugar em que cair, aí ficará.
Eclesiastes 11:3

É raro aplicar a expressão "não é da sua conta" no trabalho, porque tudo que fazemos afeta as pessoas ao nosso redor. Como cada função dentro da estrutura de uma empresa é conectada à outra, a qualidade e a integridade de nosso trabalho fazem toda a diferença.

O trabalho que executamos não pode ficar aquém do que o consumidor espera, pois todos notarão a falha. Refazer e consertar erros é sempre mais caro do que gastar tempo para garantir que o trabalho seja feito da maneira certa desde a primeira vez.

Lembre-se de que a maior parte do seu trabalho será passada para um colega – ou diretamente ao consumidor. Faça o melhor que puder desde o início e garanta o sucesso a longo prazo.

Cada um se farta de bem pelo fruto da sua boca, e o que
as mãos do homem fizerem ser-lhe-á retribuído.
Provérbios 12:14

Você sabe que os erros podem causar impressão mais forte do que os êxitos?

Pois, tanto do sábio como do estulto, a memória não durará para sempre; pois, passados alguns dias, tudo cai no esquecimento.
Eclesiastes 2:16

Ao elaborar um projeto, tenha em mente que um erro pode custar muito mais do que o que se ganha com o sucesso. Infelizmente nossos erros causam impressão mais forte do que os nossos triunfos. Mas não fique parado por medo de agir. Calcule os riscos, compare com a recompensa em potencial e só prossiga quando a balança estiver a seu favor.

Quando o projeto parece estar *capenga*, analise a situação e avalie as opções para corrigi-lo. Uma vez identificada a causa do problema, faça as correções necessárias e siga em frente!

Se faltam opções e nada dá certo, pode ser a hora de desistir e evitar mais perdas. Faça decisões equilibradas, sabendo quando deve parar, e evite que os erros se tornem uma referência a seu respeito.

Os loucos desprezam a sabedoria e o ensino.
Provérbios 1:7

Quando se deve pensar em fusão?

Tudo tem o seu tempo determinado, e há tempo para todo propósito debaixo do céu (...) Tempo de rasgar e tempo de coser.
Eclesiastes 3:1,7

De uns tempos para cá, algumas fusões de corporações gigantescas ganharam as manchetes dos jornais. Geralmente, o foco está nos benefícios esperados pelos dois grupos que se juntam, mas, muitas vezes, há problemas não aparentes esperando a hora de vir à tona. Antes de juntar sua empresa com outra, considere alguns pontos importantes:

- A nova organização será mais eficaz ou apenas maior?
- Você assumirá uma nova dívida difícil de pagar?
- Um dos sócios é mais forte do que o outro?
- Como trabalharão as equipes de gerentes das duas empresas?

Antes de fazer uma fusão de sua empresa com outra, considere cuidadosamente os riscos e os benefícios, e assim manterá o rumo de sucesso.

Quando te assentares a comer com um governador, atenta bem para aquele que está diante de ti.
Provérbios 23:1

Você exige integridade de todos os seus funcionários?

De tudo o que se tem ouvido, a suma é: Teme a Deus e guarda os seus mandamentos; porque isto é o dever de todo homem.
Eclesiastes 12:13

Como cristãos, somos livres para andar na luz dos mandamentos de Deus, pelo poder do Espírito Santo que trabalha em nossos corações. Mas o que dizer de nossos funcionários que não compartilham da mesma fé? Considerando que a Lei de Deus se aplica a todas as pessoas, exigimos delas um padrão bíblico de excelência e integridade?

Não podemos pedir que ajam como cristãos, mas podemos insistir que falem a verdade, sejam honestos ao lidar com os clientes e mantenham uma postura profissional e de cooperação em relação aos outros funcionários. A expectativa é de que todos assumam os mesmos princípios no ambiente de trabalho.

Insista que cada funcionário aja com integridade, e sua empresa será abençoada pelo Senhor.

Os lábios mentirosos são abomináveis ao Senhor,
mas os que agem fielmente são o seu prazer.
Provérbios 12:22

Você tira vantagem de seus clientes?

Como tu fizeste, assim se fará contigo;
o teu malfeito tornará sobre a tua cabeça.
Obadias 15

Quando você está em vantagem no mercado ou a demanda por seus produtos e serviços é grande, é possível que sinta a tentação de *enfiar a faca* em seus clientes ou aumentar o lucro, reduzindo a qualidade.

Ainda que os lucros a curto prazo possam aumentar, tirar vantagem dos consumidores é uma estratégia míope. Os concorrentes surgem de uma hora para a outra e roubam os seus clientes quando você quebra o relacionamento de lealdade e confiabilidade.

Uma vez perdidos os clientes, são mais difíceis de recuperar, especialmente se você destruiu a sua credibilidade. Em tempos de vacas gordas, aproveite seu sucesso, mas não comprometa sua integridade ou destrua a confiança dos clientes. Seja sempre justo, e você preservará sua vantagem para o sucesso a longo prazo.

Não roubes ao pobre, porque é pobre,
nem oprimas em juízo ao aflito.
Provérbios 22:22

Sua política salarial é justa?

Pois, com o critério com que julgardes, sereis julgados; e, com a medida com que tiverdes medido, vos medirão também.
Mateus 7:2

Como empregador, você merece que seus funcionários sejam dedicados. Eles devem assumir a responsabilidade de oferecer produtos de qualidade e bons serviços ao consumidor. Mas, ao mesmo tempo, é importante que recebam salários justos e condizentes.

Faça uma pesquisa de salário em empresas semelhantes à sua na região a fim de determinar uma escala justa de pagamento para cada funcionário ou verifique com as associações classistas ou sindicatos de sua região. Posicione cada funcionário dentro do nível salarial mais apropriado à função que exerce.

Mas não considere os resultados da pesquisa como lei. Pense no valor de cada posição para a sua empresa, e não apenas na tabela de médias salariais.

Se você paga um salário justo, contará com os melhores funcionários na construção de sua empresa.

Quem se compadece do pobre ao Senhor empresta, e este lhe paga o seu benefício.
Provérbios 19:17

Você acha que pode enganar os outros e ficar impune?

O Senhor (...) jamais inocenta o culpado.
Naum 1:3

Certo empresário costumava receber pagamentos de dívidas em dobro, geralmente por erro do cliente, e desenvolveu o hábito de ficar com o dinheiro indevido como entrada adicional. Isto continuou por cerca de dez anos, até que um dia uma pessoa se aproximou do empresário, oferecendo-se para comprar a empresa por milhões de dólares. Ele achou que tirara a sorte grande, até que foi realizada uma auditoria pelos compradores, que descobriram a desonestidade e cancelaram a compra.

Quando o proprietário perguntou por que estavam cancelando o negócio, eles responderam: "Se você foi desonesto com os clientes por todos esses anos, sobre o que mais terá mentido? Não podemos confiar em você ou em sua companhia".

Se estiver agindo desonestamente em sua empresa, lembre-se de que seu pecado virá à tona. No fim, o preço que se paga pelo engano não compensa. A honestidade ainda é a melhor política.

O homem fiel será cumulado de bênçãos, mas o que se apressa a enriquecer não passará sem castigo.
Provérbios 28:20

Seus funcionários são recompensados quando atendem bem os clientes?

Os teus pastores dormem (...) O teu povo se derrama pelos montes, e não há quem o ajunte.
Naum 3:18

Se você não tiver paixão por qualidade no atendimento, seus funcionários também não terão, e os clientes acabarão procurando a concorrência. Mas se a qualidade do serviço for prioritária em sua empresa, substitua os elogios por dinheiro e desenvolva um sistema de incentivos para recompensar os seus funcionários.

Primeiro, defina o que é excelência em termos de serviço ao consumidor dentro do contexto de sua empresa, e certifique-se de que todo funcionário tenha condições de alcançar as metas. Em seguida, estabeleça um bônus ou outra recompensa para os funcionários que prestarem um serviço de qualidade ao cliente. Nomeie o funcionário do mês, dê a ele reconhecimento público pelo bom desempenho e destaque as histórias de sucesso de membros da equipe que atenderam a necessidade do cliente de forma especial.

Seus funcionários passarão a perseguir essas metas e as recompensas resultantes de seus esforços. Valorize a excelência no serviço e seus clientes serão sempre muito bem atendidos.

Mas a vereda dos justos é como a luz da aurora, que vai brilhando mais e mais até ser dia perfeito.
Provérbios 4:18

Seus funcionários são recompensados quando sugerem inovações?

Encheu-os de habilidade para fazer toda obra de mestre,
até a mais engenhosa, e a do bordador, e a do tecelão (...)
Sim, toda sorte de obra e a elaborar desenhos.
Êxodo 35:35

No mundo empresarial competitivo de hoje, muitas corporações mantêm seus melhores funcionários e executivos recompensando-os pelas inovações em produtos e pelo desenvolvimento de processos e sistemas mais eficientes. Algumas das melhores idéias vêm de trabalhadores simples, que estão perto da ação e enxergam novas maneiras de realizar o trabalho.

Mas a inovação não acontece se não for incentivada e recompensada. Para criar um clima de criatividade, desenvolva um sistema de coleta de sugestões que recompense os funcionários por idéias que forem utilizadas. Dê um retorno sobre cada idéia, ainda que não seja aproveitada, para incentivar o pensamento e a geração de novas idéias. Os incentivos financeiros são interessantes, mas não se esqueça do poder do reconhecimento público. As pessoas gostam de receber um dinheiro a mais, mas gostam também de ser valorizadas diante das outras.

Encoraje seus funcionários a ser criativos, e sua empresa dará grandes saltos de qualidade.

Dará à tua cabeça um diadema de graça
e uma coroa de glória te entregará.
Provérbios 4:9

Você oferece algo mais a seus clientes?

Por isso, vos digo: Pedi, e dar-se-vos-á; buscai,
e achareis; batei, e abrir-se-vos-á.
Lucas 11:9

Um vendedor de seguros que jogava golfe com Henry Ford ficou irritado quando soube que o empresário da indústria automotiva comprara produtos com outro agente. Perguntado pelo motivo, Ford simplesmente respondeu: "Você nunca me ofereceu um seguro".

Muitas vezes pensamos que os clientes conhecem tudo que temos a oferecer, e que nos pedirão se precisarem de outro produto ou serviço. Mas a maior parte das vendas só se completa depois que tomamos a iniciativa de oferecer o serviço ou o produto.

Conheça as necessidades corporativas de seu cliente. Procure antever como poderá expandir seu serviço e suprir outras necessidades que ele tenha. Quando visitar seu cliente, não converse apenas sobre o negócio que está em pauta: fale das outras coisas que tem a oferecer e proponha negócios adicionais. Procure novas oportunidades com aqueles que já são seus clientes, e constate o crescimento nas vendas.

Duas coisas te peço; não mais negues, antes que eu morra.
Provérbios 30:7

Sua carreira segue um rumo bem definido?

Corramos, com perseverança, a carreira que nos está proposta.
Hebreus 12:1

Mantenha firme o seu rumo na empresa ao escolher, a cada mês, três tipos de ação que façam a maior diferença para alcançar seus alvos de longo prazo. Todo dia, foque em atividades que conduzam à realização dessas metas. Passo a passo, você prosseguirá no rumo certo e realizará seus objetivos.

Uma razão pela qual as pessoas perdem o foco é a simples fadiga. Gerentes eficientes devem manter um equilíbrio saudável no trabalho. Como um corredor em uma maratona, que mantém passos firmes por longas distâncias, você deve trabalhar de forma a ter tempo para o descanso e o lazer.

Saia com seu cônjuge toda semana. Dedique tempo para as crianças e para falar a sós com Deus. Coloque isso em sua agenda, e mantenha os compromissos que estabelecer. Siga firme na carreira profissional e termine bem esta corrida.

Em andando por elas, não se embaraçarão
os teus passos; se correres, não tropeçarás.
Provérbios 4:12

Todas as áreas de sua empresa contribuem para o sucesso?

Todo ramo que, estando em mim, não der fruto, ele o corta; e todo o que dá fruto limpa, para que produza mais fruto ainda.
João 15:2

Em toda organização há produtos, serviços, sistemas e procedimentos que deixaram de ser eficientes, lucrativos ou funcionais, e não vale a pena mantê-los. O segredo para continuar lucrando é eliminar o mais rápido possível aquilo que não funciona bem. Desenvolva um sistema de controle de qualidade que avalie periodicamente cada componente de sua empresa. Examine os produtos, faça revisão dos procedimentos e verifique equipamento e suprimentos. Tudo funciona de acordo com as expectativas? Toda função ainda é necessária e eficaz? Existe um jeito melhor de atingir seus objetivos?

Toda organização tem oportunidade de melhorar. Se eliminar as áreas fracas, poderá canalizar os recursos para aquilo que é mais proveitoso.

Reavalie continuamente a sua empresa, fazendo quaisquer mudanças necessárias, e será garantido seu sucesso a longo prazo.

Não havendo bois, o celeiro fica limpo,
mas pela força do boi há abundância de colheitas.
Provérbios 14:4

Você busca conselhos fora da empresa?

Não atende a ninguém, não aceita disciplina.
Sofonias 3:2

Qualquer líder, em especial o dono da empresa ou o diretor-executivo, pode sentir-se isolado, como se não houvesse ninguém com quem fosse possível buscar conselho. Nem todos possuem as qualificações e a experiência necessárias para aconselhar os líderes que já chegaram aos mais altos níveis de gestão.

Embora sejam raros os conselheiros qualificados, eles existem. Converse com outros empresários e executivos a fim de descobrir quem tem experiência suficiente para instigá-lo ou despertar novamente seu espírito de luta. Ofereça seu próprio conhecimento, estabelecendo uma troca benéfica a ambos.

Compartilhe questões e decisões importantes da empresa, pedindo conselhos. Quando os seus amigos falarem, abra os ouvidos e se disponha a seguir seus conselhos. Não descarte as críticas nem despreze a perspicácia construtiva. Você não se sentirá mais sozinho na luta quando buscar conselho sábio a fim de aperfeiçoar o sucesso.

Onde não há conselho fracassam os projetos,
mas com os muitos conselheiros há bom êxito.
Provérbios 15:22

Você tem dificuldade para dispensar funcionários?

Porque, quando ainda convosco, vos ordenamos isto:
se alguém não quer trabalhar, também não coma.
2Tessalonicenses 3:10

Como gerente, seu dever é o de montar uma equipe forte na empresa. Se um funcionário está sendo deficiente no cumprimento de suas tarefas, não parece se esforçar ou sofre de *complexo de lesma*, você deve agir prontamente.

Primeiro, chame a pessoa para uma conversa reservada, esclareça as exigências da posição que ela ocupa e explique claramente a quantidade e a qualidade do trabalho que espera dela. Seja respeitoso, mas claro e direto.

Depois da conversa, ofereça treinamento, elogiando e incentivando quando perceber melhoras. Se a pessoa não mudar, dê pelo menos dois avisos, preferivelmente por escrito, dizendo especificamente qual o padrão que espera e até quando pode aguardar esta mudança.

Se persistir o problema, o melhor recurso é despedir esse funcionário, explicando com clareza as razões da dispensa e recordando suas tentativas de evitá-la. Ore para que essa pessoa aprenda a lição e não repita os mesmos erros no próximo emprego que conseguir.

A preguiça faz cair em profundo sono,
e o ocioso vem a padecer fome.
Provérbios 19:15

Você é um gestor ágil?

Já está posto o machado à raiz das árvores; toda árvore, pois, que não produz bom fruto é cortada e lançada ao fogo.
Mateus 3:10

O sucesso depende da disposição de assumir riscos calculados, investir tempo, esforços e dinheiro para obter um retorno razoável. Mas nem todo empreendimento prospera. Quando os resultados ficam aquém das expectativas, é hora de cortar os prejuízos e transferir os esforços para algo mais promissor ou de maior lucratividade. Mas como saber quando desistir de um projeto?

Comece verificando se os resultados esperados estão sendo alcançados. Monitore o progresso, e se o plano não funcionar, aja rapidamente. Não perca tempo tentando imaginar qual poderia ter sido o motivo do fracasso ou que outras decisões poderiam ser tomadas nas mesmas circunstâncias. Quando está claro que o projeto não deu certo, seja ágil e transfira seus recursos para empreendimentos mais frutíferos.

Não ames o sono, para que não empobreças; abre os olhos e te fartarás do teu próprio pão.
Provérbios 20:13

Você é um bom mediador de conflitos?

Bem-aventurados os pacificadores.
Mateus 5:9

Quando as pessoas trabalham juntas, é inevitável que haja conflitos. Quando acontece uma discussão no seu departamento, você é tentado a interferir ou escolher partidos? Por que não desempenhar o papel de mediador ou pacificador?

A mediação bem-sucedida começa com confiança. Ninguém dá atenção a uma pessoa que não tenha estabelecido uma reputação de justiça e eqüidade. Se você obteve o direito de intervir, analise os fatos. Faça perguntas esclarecedoras que esclareçam a verdade. O ponto de vista de um é mais acertado do que o de outro?

Sempre há dois lados de uma história, e geralmente a realidade se encontra mais ou menos no meio deles. Se conseguir que as pessoas em conflito levem em consideração o ponto de vista um do outro, em geral você consegue encontrar um meio-termo a partir do qual se chega à concordância.

Mantenha o foco de todos sobre o alvo da reconciliação, não em personalidades ou diferenças passadas. Negocie um acordo que respeite os pontos de vista de ambos os lados, e você terá estabelecido uma reputação de pacificador.

Como pendentes e jóias de ouro puro,
assim é o sábio repreensor para o ouvido atento.
Provérbios 25:12

Seria possível aproveitar melhor o tempo?

Portanto, vede prudentemente como andais, não como néscios, e sim como sábios, remindo o tempo, porque os dias são maus.
Efésios 5:15,16

Se nos deixarmos distrair, perdemos o foco do trabalho. As interrupções nos afastam das prioridades, impedem a produtividade e aumentam a chance de erro. Para reduzir ao mínimo as interrupções, planeje o seu trabalho, vigie seus limites e aprenda a pedir licença para voltar logo ao trabalho que tem a realizar.

Outra forma de melhorar sua produtividade é estabelecer três metas fundamentais a serem alcançadas a cada semana. Mantenha documentado, por escrito, o tempo gasto em cada tarefa importante. No fim da semana, avalie o que fez. Resolva quanto tempo dedicou às coisas essenciais. Se seu desempenho não for coerente com seus alvos, mude as prioridades para a semana seguinte. Mantenha o objetivo em foco, e seu trabalho atingirá as metas desejadas.

Filho meu, se os pecadores querem seduzir-te, não o consintas.
Provérbios 1:10

Os clientes podem contar com você?

Por que razão, quando eu vim, ninguém apareceu?
Quando chamei, ninguém respondeu?
Isaías 50:2

Você está tão ocupado dirigindo sua empresa que não investe tempo no convívio com seus clientes? É muito comum nos envolvermos com a urgência das responsabilidades e esquecermos da pessoa que, no fim das contas, paga nosso salário: o consumidor. Se não tiver tempo para oferecer bom atendimento ao cliente, é melhor reavaliar as prioridades. Delegue uma parte de seu trabalho ou contrate outra pessoa para continuar, mas não negligencie os seus clientes. Eles precisam e merecem sua atenção pessoal.

Nada é mais frustrante do que não receber resposta quanto a um problema. Esteja à disposição dos clientes para conversar, atender ao telefone, responder cartas e *e-mails*, e não se esconda dos que têm queixas a apresentar. Trate cada reclamação como oportunidade de melhorar o serviço e solidificar suas relações com os clientes.

Sirva-os bem, e sua empresa prosperará.

O que dele esconde os olhos será cumulado de maldições.
Provérbios 28:27

Seus critérios de promoção levam em conta o histórico dos funcionários?

Quem é fiel no pouco também é fiel no muito;
e quem é injusto no pouco também é injusto no muito.
Lucas 16:10

O desempenho no passado é a melhor forma de prever o comportamento no futuro. Quando avaliar um funcionário para uma promoção, avalie objetivamente seu histórico profissional. Ele estabeleceu uma reputação de cumprir prazos e compromissos? Falou sempre a verdade? Avisou na hora certa quando os problemas apareceram? A quantidade e a qualidade de seus serviços sempre atingiram ou ultrapassaram as expectativas?

Jamais promova alguém que não tenha desempenhado bem suas tarefas no passado. Não permita que as relações pessoais influam na decisão. Não sucumba à pressão de preencher uma vaga, promovendo alguém cujo trabalho é inconsistente. Não caia na armadilha de acreditar que, com o tempo, a pessoa melhora. Exija bom desempenho na função atual antes de delegar mais responsabilidades.

Olhe para o passado para tomar a melhor decisão para o futuro.

Como dente quebrado e pé sem firmeza,
assim é a confiança no desleal, no tempo da angústia.
Provérbios 25:19

Como você avalia fornecedores potenciais?

Quem é fiel no pouco também é fiel no muito;
e quem é injusto no pouco também é injusto no muito.
Lucas 16:10

Antes de fazer uma grande compra ou assinar contrato com um novo fornecedor, teste sua confiabilidade e a capacidade de cumprir demandas. Faça uma experiência antes de comprometer toda a empresa. Verifique a rapidez da entrega, a correção da nota fiscal e a qualidade do serviço. O desempenho corresponde às promessas? Você descobriu alguma cobrança escondida ou custos não revelados?

Peça ao representante do fornecedor uma lista de outros clientes e telefone para vários, pedindo referências. Pergunte sobre a satisfação deles em relação a este novo fornecedor. Têm alguma reserva ou consideram o trabalho bom?

Um pouco de diligência no início pode evitar muita irritação mais tarde. Determine primeiro se o fornecedor é digno de confiança, e só então firme uma parceria a longo prazo.

Quem anda em integridade anda seguro,
mas o que perverte os seus caminhos será conhecido.
Provérbios 10:9

Você compartilha seu conhecimento?

Disse Jesus a seus discípulos: É inevitável que venham escândalos, mas ai do homem pelo qual eles vêm!
Lucas 17:1

A falta de conhecimento sobre questões importantes da empresa é um grande obstáculo para muitos funcionários. O gerente que deixa de informar sua equipe torna-se uma pedra de tropeço.

Conhecimento é poder. Para delegar poder a outros, devemos compartilhar o que sabemos. Explique suas decisões à equipe, incluindo o processo que as gerou. Isto ajudará os funcionários a entender por que certas decisões foram tomadas, e os ensinará a fazer a mesma coisa.

O treinamento é outro instrumento importante para compartilhar conhecimentos. Toda semana, assuma o propósito de falar com a equipe sobre um aspecto fundamental de sua empresa ou de seu departamento. Ajude cada um a sair do simples acúmulo de informações para a compreensão e a aplicação de cada princípio importante.

Ao compartilhar seu conhecimento, você verá a equipe se desenvolver, conduzindo a empresa rumo ao sucesso.

Dá instrução ao sábio, e ele se fará mais sábio ainda; ensina ao justo, e ele crescerá em prudência.
Provérbios 9:9

Como você lida com os erros dos funcionários?

Se teu irmão pecar contra ti, repreende-o;
se ele se arrepender, perdoa-lhe.
Lucas 17:3

Quando um funcionário comete erros ou sai da linha, temos a obrigação de corrigi-lo, falando especificamente o que precisa mudar. Quando fica evidente que ele se arrependeu, devemos estar dispostos a perdoar.

Tenha em mente, porém, que se desculpar cem vezes não é a mesma coisa que se arrepender. O verdadeiro arrependimento envolve pedido de desculpas, mas também mudança no comportamento a longo prazo. Insista no verdadeiro arrependimento.

Quando for necessário disciplinar um funcionário, dê continuidade ao processo, observando o comportamento e, em seguida, verificando se o problema foi solucionado. Se a mesma infração for repetida, novamente admoeste e dê um aviso sobre as conseqüências de quaisquer transgressões futuras.

A disposição de confrontar o erro e oferecer correção específica estabelece responsabilidade na equipe de funcionários e melhora o desempenho geral.

O filho sábio ouve a instrução do pai,
mas o escarnecedor não atende à repreensão.
Provérbios 13:1

Você elogia o bom trabalho?

E prostrou-se com o rosto em terra aos pés de Jesus, agradecendo-lhe.
Lucas 17:16

Quando os funcionários realizarem um bom trabalho, não deixe de agradecer, ressaltando o valor que têm para a empresa. Uma expressão autêntica de apreço faz maravilhas com a motivação do trabalhador e fortalece sua lealdade. Além do mais, quando somos liberais com o louvor e os elogios, as raras palavras de repreensão serão melhor recebidas.

Se deseja realmente edificar sua equipe de funcionários, pense no que mais aprecia de cada um e diga isto a eles. Um princípio fundamental da motivação afirma que o comportamento encorajado rende mais retorno. Ao demonstrar verdadeiro apreço pelos funcionários, você reforça as atitudes positivas e melhora a produtividade. Além disso, sua empresa se torna um lugar melhor para se trabalhar.

Como o crisol prova a prata, e o forno, o ouro, assim, o homem é provado pelos louvores que recebe.
Provérbios 27:21

Você se interessa em ajudar os funcionários?

Então, parou Jesus (...) Perguntou-lhe: Que queres que eu te faça?
Lucas 18:40,41

Talvez os funcionários estejam passando por dificuldades ou frustrações no trabalho, ou tenham perguntas que ficam sem respostas. O gerente sábio cria oportunidades para resolver essas questões antes que elas comecem a afetar o desempenho da equipe.

Quando se reunir pessoalmente com cada funcionário, pergunte sempre se ele está enfrentando algum obstáculo e se há alguma coisa que você possa fazer para tornar melhor o seu trabalho. Dê tempo para que respondam, espere até obter uma resposta antes de passar para o assunto seguinte. Nem todos terão queixas, mas valorizarão o seu interesse genuíno.

Faça as mesmas perguntas nas reuniões dos funcionários. Crie um clima no qual eles se sintam à vontade para comentar suas preocupações e pedir assistência. Se o seu objetivo é melhorar o desempenho dos funcionários, continue perguntando como ajudar.

A glória de Deus é encobrir as coisas,
mas a glória dos reis é esquadrinhá-las.
Provérbios 25:2

Você espera seu superior pedir ajuda ou toma a iniciativa?

Então, parou Jesus (...) Perguntou-lhe: Que queres que eu te faça?
Lucas 18:40,41

Você pode criar novas oportunidades pedindo a opinião de seu gerente ou supervisor a respeito do trabalho que realiza. Se ele estiver satisfeito com o desempenho e o esforço que você costuma demonstrar, disponha-se a assumir mais responsabilidades. Revise o plano de trabalho com ele, peça ajuda para focar as prioridades. Certifique-se de que não esteja desperdiçando tempo com aquilo que não é essencial.

Além disso, pergunte a seu superior o que pode fazer para ajudá-lo. Surpreendentemente, muitos supervisores hesitam em pedir ajuda, e a maioria deles aprecia este tipo de iniciativa.

Crie o hábito de perguntar como pode ajudar e contribuirá para impulsionar sua carreira.

A soberba do homem o abaterá, mas o humilde de espírito obterá honra.
Provérbios 29:23

Qual é a sua reação quando a concorrência age?

Tira água para o tempo do cerco, fortifica as tuas fortalezas.
Naum 3:14

Quando enfrentar um concorrente agressivo, monte uma barricada em volta dos pontos mais fortes de sua empresa e foque nas coisas que você pode controlar. Por exemplo, você mantém uma boa relação com seus clientes? A qualidade dos produtos está sendo mantida? Você cumpre seus compromissos? Oferece o melhor preço possível?

Quando a competição é feroz, nada prejudica mais a sua empresa do que relaxar na expedição de um pedido ou permitir que os preços subam além do normal no mercado. Jamais baixe a guarda para a concorrência! Muitos dizem que a melhor defesa é o ataque, mas, na verdade, é justamente esta: uma defesa sólida, bem gerida.

Agora, pois, filho, dá-me ouvidos e não te desvies das palavras da minha boca (...) para que dos teus bens não se fartem os estranhos, e o fruto do teu trabalho não entre em casa alheia.
Provérbios 5:7,10

Você é um profissional versátil?

Forjai espadas das vossas relhas de arado e lanças,
das vossas podadeiras.
Joel 3:10

No ambiente corporativo de hoje, em que tudo é muito rápido e volátil, precisamos aprender a nos adaptar e vencer os obstáculos.

Comece investindo progressivamente no futuro. Não se prenda às idéias, às ferramentas ou à tecnologia de ontem. Participe ativamente de associações empresariais. Leia revistas especializadas e freqüente seminários que o mantenham atualizado, sabendo das novas tendências em seu segmento. Leia livros sobre o mundo dos negócios que apresentam as novas informações e práticas.

Não descanse sobre as vitórias do passado. Planeje para a ação e aprenda a adaptar rapidamente as novas idéias para aprimorar o atendimento ao cliente, a qualidade do produto e a eficiência de sua empresa. Lembre-se de que a melhor informação não será útil se você não souber traduzi-la em passos de ação que se apliquem diretamente à sua realidade empresarial.

Talvez não consiga fazer tudo de uma só vez, mas pode começar com alguma coisa agora e adaptar a empresa para o sucesso no futuro.

As riquezas não duram para sempre.
Provérbios 27:24

Você fica esperando a oportunidade cair do céu?

Cairá a ave no laço em terra, se não houver armadilha para ela?
Amós 3:5

Geralmente, um empreendimento não chega a nós sem algum esforço. Mesmo quando nosso trabalho é recomendado a alguém, isto é resultado do trabalho realizado no passado. Se você deseja dar um impulso a sua empresa, separe hoje mesmo alguns minutos e coloque em ação um plano para obter novos clientes.

Publique um anúncio ou telefone para alguns clientes potenciais. Em muitos ramos, tomar a iniciativa não é problema. O desafio está em tornar esses consumidores potenciais em clientes de verdade.

Reveja linhas de ação anteriores que atraíram clientes. Descarte as iniciativas improdutivas. Concentre suas energias, seu tempo e seu dinheiro em métodos garantidos.

Nem todas as idéias custam dinheiro — algumas só exigem trabalho. Muitas vezes, nossas melhores prospecções são os clientes atuais que podem gerar mais negócios.

Aja ainda hoje para ganhar um novo cliente.

Se encherão fartamente os teus celeiros.
Provérbios 3:10

Como garantir o sucesso de uma sociedade?

Andarão dois juntos, se não houver entre eles acordo?
Amós 3:3

Muitas sociedades baseiam-se em emoções, conveniência temporária ou o surgimento de uma necessidade. Infelizmente as parcerias criadas nestas circunstâncias estão fadadas, no mínimo, a passar por muitas brigas internas, e geralmente não dão certo.

Parcerias que funcionam são edificadas sobre propósitos comuns, valores compatíveis e concordância nas principais questões. Antes de formar uma sociedade, determine o tempo que cada sócio passará na empresa, como serão divididas as áreas de especialidade e como os lucros serão investidos ou compartilhados. Estabeleça uma filosofia empresarial comum e elabore um planejamento completo. Não passe por cima de questões importantes, nem deixe para averiguá-las depois. Como num casamento, os problemas só pioram se não forem resolvidos logo de início.

O tempo mexe com a memória. Portanto, coloque no papel todos os princípios importantes, todos os acordos. Baseie a sociedade em pontos sólidos de concordância, e você obterá o fundamento para uma parceria proveitosa e eficaz.

O que tem parte com o ladrão aborrece a própria alma;
ouve as maldições e nada denuncia.
Provérbios 29:24

Você sabe fechar uma venda?

Cairá a ave no laço em terra, se não houver armadilha para ela?
Amós 3:5

Um dos princípios básicos para ser bem-sucedido na área de vendas é: "Não saia sem anotar o pedido". Para conquistar novos negócios, é preciso se preparar para saber fechar uma venda. Para evitar sair de mãos abanando, dedique algum tempo, antes da visita ao cliente, para rever os benefícios de seu produto ou serviço. Aplique estes benefícios às necessidades do consumidor e faça uma oferta de venda clara e concisa.

Ao fazer sua apresentação, ouça o que diz o cliente. Em seguida, defina todas as áreas nas quais seu produto suprirá as necessidades apresentadas. A cada item, confirme se o cliente entendeu e se concorda. A maioria das vendas é na verdade uma série de pequenas decisões que levam efetivamente ao pedido. Determine cada passo do processo e conduza o cliente pelo caminho.

Tendo conversado e concordado sobre todos os termos, feche a venda e complemente o negócio.

As cabras, leite em abundância para teu alimento.
Provérbios 27:27

Você canta vitória antes do tempo?

Rugirá o leão no bosque, sem que tenha presa?
Levantará o leãozinho no covil a sua voz, se nada tiver apanhado?
Amós 3:4

Em toda empresa existem pessoas que gostam de falar de seus planos grandiosos: as montanhas que subirão, as vitórias que estão "logo ali na esquina". Mas se esses alvos não forem alcançados, os falastrões logo perdem a credibilidade.

É muito bom ser otimista e confiante, mas não cante vitória antes da hora. Já ouvi muitos vendedores dizer que conseguiram uma conta nova e grande, mas não passava de ficção. Uma coisa é dizer que um cliente demonstrou interesse em fechar negócio, mas não conte com ele até que o pedido esteja assinado.

Desenvolva a reputação de cumprir tudo que você promete, e nunca prometa mais do que pode cumprir.

Cada um se farta de bem pelo fruto da sua boca,
e o que as mãos do homem fizerem ser-lhe-á retribuído.
Provérbios 12:14

Você usa todos os seus talentos?

Não te faças negligente para com o dom que há em ti.
1Timóteo 4:14

Se você possui aptidões que não estão sendo usadas atualmente em seu trabalho, pense como essas habilidades poderiam ser úteis para sua empresa. Se houver alguma possibilidade de aplicá-las, cave uma oportunidade, ainda que não esteja relacionada diretamente às suas responsabilidades atuais.

Talvez o gerente queira utilizar seus talentos com maior freqüência, e com isso valorize seu trabalho. É possível que isso redirecione sua carreira — com certeza, você se sentirá mais realizado.

Se perceber que não há espaço para utilizar plenamente seus dons no emprego atual, isto pode ser um indicativo de que está na hora de buscar algo mais apropriado em outro lugar. É importante descobrir como utilizar todos os seus talentos para atingir o sucesso.

O presente que o homem faz alarga-lhe
o caminho e leva-o perante os grandes.
Provérbios 18:16

Você detesta burocracia?

Sê diligente, para que o teu progresso a todos seja manifesto.
I Timóteo 4:15

Quando preparamos os relatórios e preenchemos a burocracia exigida, alcançamos três resultados importantes:

- Primeiro, ajudamos o os gestores a tomar decisões sábias a partir das informações importantes que damos, especialmente quando nossa contribuição se aplica ao planejamento a longo prazo.
- Segundo, mantemos os projetos no rumo certo e tornamos visível nosso progresso. Se, por acaso, não estivermos alcançando o objetivo, relatórios em tempo oportuno permitem que outros nos corrijam antes que tenhamos ido longe demais na direção errada. Muitos projetos desperdiçam tempo, esforço e outros recursos valiosos por desviar do curso sem ser corrigidos no momento propício.
- Terceiro, mostramos que somos confiáveis, diligentes e que fazemos um trabalho detalhado, o que mostra aos superiores que podem nos confiar mais responsabilidades.

Cumpra com capricho toda a burocracia e alcance o sucesso.

O mau mensageiro se precipita no mal,
mas o embaixador fiel é medicina.
Provérbios 13:17

Você é um bom exemplo para sua equipe?

Ninguém despreze a tua mocidade;
pelo contrário, torna-te padrão.
1Timóteo 4:12

Não importa a idade ou o nível de experiência: você tem a capacidade de dar um bom exemplo para toda a equipe da empresa.

Comece cuidando de sua aparência. Vista-se corretamente e mantenha rigor em seus hábitos pessoais de higiene. Talvez não goste de se vestir com formalidade, mas sua apresentação influenciará o modo como os clientes, os colegas de trabalho e os superiores hierárquicos o vêem. Pense no emprego que deseja para o futuro, e não apenas o que tem hoje.

Demonstre o desejo de melhorar, fazendo boas perguntas e se dispondo a aprender, se adaptar e crescer no trabalho. Mantenha uma atitude proativa, ajudando os colegas, a chefia e os clientes. Chegue cedo ao trabalho todos os dias e seja confiável e assíduo.

Dê um bom exemplo, e você estará preparado para uma promoção.

Cinge os lombos de força e fortalece os braços.
Provérbios 31:17

Sua equipe sabe o que faz ou fica "batendo cabeça" quando as circunstâncias mudam?

Naqueles dias, não havia rei em Israel;
cada qual fazia o que achava mais reto.
Juízes 17:6

Se você deseja que a empresa funcione tranqüilamente e com sucesso, preste atenção em sua equipe. Certifique-se de que cada funcionário seja bem treinado e saiba o que se espera dele. Estabeleça procedimentos para cumprir cada tarefa de modo produtivo e razoável. Mantenha padrões de qualidade e quantidade de acordo com a atividade de cada um, baseando suas avaliações em critérios objetivos.

Quando as circunstâncias mudarem e as demandas empresariais exigirem novo direcionamento, deixe clara a nova direção e ofereça toda orientação e explicação necessária. Não presuma que os outros saberão o que fazer — nem por que o farão — sem necessidade de ser instruídos. As coisas óbvias para você, como gerente, talvez não sejam tão claras para os outros.

Ao manter sistemas organizados e dar direcionamento claro, você torna os funcionários mais propensos ao sucesso.

Confia ao Senhor as tuas obras,
e os teus desígnios serão estabelecidos.
Provérbios 16:3

Você cumpre os prazos que assume?

Então, o rei, estando a rainha assentada junto dele, me disse: Quanto durará a tua ausência? Quando voltarás? Aprouve ao rei enviar-me, e marquei certo prazo.
Neemias 2:6

Quando Neemias procurou o rei e pediu permissão para reconstruir Jerusalém, não disse: "Terminarei quando acabar"; ou: "Voltarei quando puder". Ele prometeu terminar a tarefa e retornar numa data específica.

Quando seu chefe o incumbe de alguma tarefa ou pede um relatório, ele tem o direito de esperar que você faça o trabalho e cumpra suas obrigações dentro do prazo. Certifique-se de que entendeu bem a solicitação, procure realizar a tarefa e entregue dentro do prazo prometido. Tenha como hábito cumprir ou exceder as expectativas de seus superiores.

Teme ao Senhor, filho meu, e ao rei
e não te associes com os revoltosos.
Provérbios 24:21

A política de sua empresa é justa?

Viu Deus tudo quanto fizera, e eis que era muito bom.
Gênesis 1:31

Quando Deus criou céus e Terra, estabeleceu a ordem e designou sistemas para governar e organizar todas as coisas. O universo corporativo funciona do mesmo modo: estabelecemos sistemas de organização a partir do desenvolvimento de políticas e procedimentos.

A política de uma empresa oferece um arcabouço para decisões coerentes. Em essência, ela especifica o que "sempre fazemos" e o que "jamais fazemos" na condução dos negócios. Ainda que deva ser severa, em determinadas situações a política de uma empresa também precisa de equilíbrio proporcionado pelo bom senso e pela justiça.

Deus, ao completar sua obra, se agradou do que criara. Você pode dizer o mesmo sobre as diretrizes de sua firma? São boas e justas para todos? Não elabore políticas que agridam desnecessariamente os interesses dos três mais importantes grupos de sua empresa: os clientes, os funcionários e a própria instituição.

Jamais pleiteies com alguém sem razão, se te não houver feito mal.
Provérbios 3:30

Você sabe perdoar?

Revesti-vos (...) de ternos afetos de misericórdia (...) Perdoai-vos mutuamente, caso alguém tenha motivo de queixa contra outrem.
Colossenses 3:12,13

Quando um funcionário comete um erro, precisamos primeiro identificar o problema e sua origem, discutir as conseqüências e determinar que mudanças devem ser implantadas. Em seguida, devemos nos certificar de que o problema tenha sido resolvido de uma vez por todas.

Quando os funcionários entendem e reconhecem suas falhas, demonstrando capacidade e disposição de melhorar, é importante oferecer perdão sem permitir que atos passados influenciem a atitude atual. Se a pessoa tomou as providências necessárias para corrigir o erro e evitar que se repita, elogie essas mudanças e *bola pra frente*. Só volte ao assunto se o problema persistir.

Ofereça perdão de verdade, estimule a mudança positiva e observe como a confiança e a capacidade de seus funcionários serão fortalecidas.

Disciplina rigorosa há para o que deixa a vereda,
e o que odeia a repreensão morrerá.
Provérbios 15:10

Você já perdeu um funcionário por não saber valorizá-lo?

Farei de vós um nome e um louvor entre todos os povos da Terra.
Sofonias 3:20

Uma das formas mais simples e eficazes de recompensar os funcionários é elogiá-los e encorajá-los. Todos querem ser valorizados, especialmente os que trabalham muito e produzem bons resultados.

Não tenha tanta certeza de que seus melhores funcionários sabem o quanto você os aprecia, nem deixe de louvá-los por medo de que isto lhes suba à cabeça. Diga-lhes o que você percebe e manifeste seu apreço.

Certifique-se de que os funcionários saibam como eles se enquadram nos planos da empresa para o futuro. Mostre o que devem fazer para merecer promoções, aumentos salariais e outros benefícios.

O sentimento de desvalorização é a principal razão pela qual os melhores profissionais buscam emprego em outros lugares. Se você demonstrar apreço por eles e compartilhar esperanças e sonhos, construirá um fundamento forte para o sucesso a longo prazo.

Palavras agradáveis são como favo de mel:
doces para a alma e medicina para o corpo.
Provérbios 16:24

Você sabe conciliar vida pessoal, espiritual e profissional?

Os que esperam no Senhor renovam as suas forças,
sobem com asas como águias, correm e não se cansam,
caminham e não se fatigam.
Isaías 40:31

Pare e pense no que aconteceu com você nos últimos trinta dias. Quantas horas gastou no trabalho e quanto tempo dedicou à família, aos amigos e a Deus? Você está correndo demais, indo longe demais? Se sua vida não for pautada pelo equilíbrio, é porque está trabalhando mais do que deveria.

De vez em quando, todos temos que acelerar o ritmo de trabalho, mas até mesmo os atletas bem treinados precisam parar para descansar. Para manter sua eficiência, saiba quando é hora correr e de descansar.

Se a vida estiver a galope, descontrolada, pare imediatamente. Separe tempo para restaurar o equilíbrio. Aprenda a delegar responsabilidades e compartilhar o fardo. Contrate mais um funcionário para reduzir as suas horas de trabalho. Se conseguir dormir bem, dedicar tempo à família e incluir momentos de comunhão com Deus em sua agenda diária, sua vida será melhor em todos os aspectos.

O espírito firme sustém o homem na sua doença,
mas o espírito abatido, quem o pode suportar?
Provérbios 18:14

Você demonstra interesse pelo bem-estar de seus funcionários?

Faz forte ao cansado.
Isaías 40:29

Não importa se os negócios vão muito bem ou se a empresa está enfrentando tempos difíceis, chegará o momento em que seus funcionários se sentirão cansados. Esteja alerta para sinais que indiquem esgotamento e fadiga, e esteja pronto para investir no seu bem mais valioso: sua equipe.

Se notar que alguém parece descon-centrado ou desanimado, descubra o que se passa e como ajudar. Lembre-se de escutar antes de falar, e não tenha a pretensão de achar que possui todas as respostas. Demonstre solidariedade e incentive o funcionário. Muitas vezes, o interesse sincero pelo bem-estar é o melhor elixir para revigorar a pessoa que está cansada ou desanimada.

Não deixe *cair a peteca* quando a situação começar a melhorar. Reafirme seu apoio. Quando o funcionário se sentir melhor, tente descobrir o que havia de errado com ele e procure tomar providências para evitar as mesmas preocupações no futuro. Invista no fortalecimento de sua equipe, e toda a empresa se fortalecerá também.

Será isto saúde para o teu corpo e refrigério, para os teus ossos.
Provérbios 3:8

Você se sente só?

Ai, porém, do que estiver só; pois,
caindo, não haverá quem o levante.
Eclesiastes 4:10

De vez em quando, no meio de uma adversidade, o empresário ou o gestor que trabalha sozinho tem a impressão de que está batendo num muro de pedra. Quando somos derrubados, precisamos de outras pessoas para nos ajudar a levantar e voltar à estrada do sucesso.

Se você é proprietário de uma empresa ou trabalha num lugar onde não há interação com outras pessoas, junte um grupo de amigos que passam pelo mesmo problema para orar e oferecer apoio mútuo. Um bom grupo de apoio é lugar seguro para compartilhar os problemas, conversar sobre decisões importantes e encontrar encorajamento.

Ao nos cercar de profissionais experientes, temos uma perspectiva mais equilibrada do trabalho. Se estivermos deprimidos, outros ajudarão a nos erguer, e quando eles caírem, estaremos lá para oferecer a mão amiga. Junte-se a outros e veja como esta iniciativa potencializa o trabalho de todos.

Se és sábio, para ti mesmo o és;
se és escarnecedor, tu só o suportarás.
Provérbios 9:12

Você estimula o trabalho em equipe?

Melhor é serem dois do que um,
porque têm melhor paga do seu trabalho.
Eclesiastes 4:9

Empresários e executivos falam muito sobre trabalho de equipe, mas quando surgem problemas na empresa, tendem a procurar resolver tudo sozinhos.

Trabalhar em equipe possibilita reunir indivíduos com habilidades, experiências e conhecimentos diferentes, resultando num esforço bem equilibrado. Quando os membros da equipe se dispõem a manter uma atitude positiva, o resultado quase sempre é maior do que a soma das partes individuais.

O segredo está na cooperação. Selecione profissionais que sejam especialistas em suas áreas e sejam capazes de colaborar com outras pessoas. Estabeleça metas e expectativas claras, incluindo prazos e padrões de qualidade. Ajude os membros da equipe a ver como suas contribuições se encaixam no quadro geral. Trabalhe as diferenças de estilo e comunicação e mantenha o foco de todos no alvo final. Em seguida, observe a equipe trabalhando junta para fortalecer a empresa.

O que confia no seu próprio coração é insensato,
mas o que anda em sabedoria será salvo.
Provérbios 28:26

Você negocia prazos razoáveis com o cliente?

Tudo tem o seu tempo determinado,
e há tempo para todo propósito debaixo do céu.
Eclesiastes 3:1

No desejo de atender as necessidades e expectativas do cliente, é possível que você se comprometa a cumprir um prazo que mais tarde percebe ser impossível. Evite esta situação com planejamento e comunicação.

Da próxima vez que souber qual é a demanda de um cliente, calcule com precisão o tempo do processo antes de prometer entrega em data inviável. Identifique os passos necessários para completar todo o trabalho e leve em conta o esforço que cada etapa requer. Verifique com as outras pessoas se têm tempo suficiente para fazer a sua parte, e confirme a disponibilidade de qualquer equipamento ou suprimento necessário.

Em seguida, verifique o calendário ou a agenda de produção. Se perceber que tem compromissos demais, reveja a escala de trabalho ou renegocie a data de entrega. É muito comum haver alguma possibilidade de tolerância. Planeje bem, e o sucesso surgirá do cumprimento de cada prazo estabelecido.

Deixai os insensatos e vivei; andai pelo caminho do entendimento.
Provérbios 9:6

O cliente pode confiar em suas promessas?

Contanto que complete a minha carreira.
Atos 20:24

Não há como escapar: se um cliente tem queixas, pedidos ou demandas especiais, ele procura a empresa que o atendeu. As corporações bem-sucedidas garantem o cumprimento de todos os compromissos assumidos com seus consumidores.

Deixe por escrito toda promessa feita a cada cliente. Entregue o processo a um membro da equipe, explicando com clareza o que foi prometido, as expectativas do consumidor e o prazo de entrega do produto ou serviço. Confirme se ele entendeu tudo e se de fato poderá cumprir a tarefa no tempo determinado.

Escreva um bilhete na agenda ou no calendário para se lembrar da data. Verifique mais tarde se o compromisso assumido foi devidamente cumprido.

Os lábios mentirosos são abomináveis ao Senhor,
mas os que agem fielmente são o seu prazer.
Provérbios 12:22

Seu cliente é um parceiro?

Andarão dois juntos, se não houver entre eles acordo?
Amós 3:3

As melhores relações com consumidores são baseadas no respeito mútuo e na interdependência. Se os seus clientes são tão beneficiados em qualquer negociação quanto você, todos saem ganhando.

O segredo para parecerias bem-sucedidas com clientes está no estabelecimento de acordos. No entanto, é freqüente as partes concordarem em preço e termos, mas sem explorar possibilidades mais amplas de cooperação. Uma parceria verdadeira inclui a compreensão do ramo de negócios do cliente, a manutenção de compromissos de qualidade que alcancem e excedam as expectativas e a disposição de adaptar os produtos, serviços e procedimentos a fim de acomodar as necessidades do consumidor.

Tudo começa com honestidade e confiança. Encontre-se com os clientes, converse sobre pontos fortes e fracos e defina um plano para que possam trabalhar juntos. Certifique-se de que haja harmonia entre as partes. Investir na relação com os clientes a torna mais forte e duradoura.

Afasta de mim a falsidade e a mentira; não me dês nem a pobreza nem a riqueza; dá-me o pão que me for necessário.
Provérbios 30:8

O ambiente de trabalho faz você perder o controle?

Mas o fruto do Espírito é: amor, alegria, paz, longanimidade, benignidade, bondade, fidelidade, mansidão, domínio próprio.
Gálatas 5:22,23

No calor da batalha corporativa, de vez em quando nos frustramos e ficamos muito zangados. Nessas horas, qualquer tolo perde a calma e desconta sobre as outras pessoas. Porém, se formos sábios, aprenderemos a nos controlar, diminuindo a ira e canalizando esta energia para atividades construtivas que transmitem graça aos que nos cercam e ajudam a manter a situação sob controle.

Quando a pressão começa a aumentar e você sente que está ficando zangado, faça uma pequena pausa para recuperar o controle das emoções. Reveja com calma as alternativas de ação e escolha a atitude mais equilibrada.

Seja um modelo na administração dos sentimentos e sensações, e sua empresa se manterá pacífica e próspera.

O insensato expande toda a sua ira,
mas o sábio afinal lha reprime.
Provérbios 29:11

Você dedica tempo ao treinamento dos novos funcionários?

Se alguém amimar o escravo desde a infância, por fim ele quererá ser filho.
Provérbios 29:21

Às vezes, contratamos novos funcionários porque estamos sobrecarregados e precisamos de ajuda. Infelizmente, é comum estarmos tão ocupados que não dedicamos tempo ao treinamento das pessoas que estão entrando na empresa. Mas se não aproveitarmos os primeiros dias, quando o funcionário é novo e pode ser facilmente orientado, podemos permitir que maus hábitos se estabeleçam, o que mais tarde será difícil de mudar.

Dedique o tempo necessário para oferecer treinamento completo aos novatos. Deixe claro o que espera deles. Faça comentários positivos quando o desempenho estiver dentro do padrão da empresa e corrija o que não alcançar as expectativas. Não pense que o novo funcionário sabe ler pensamentos. Diga-lhe o que precisa saber.

Investir um pouco de tempo no treinamento hoje evitará que, mais tarde, seja necessário gastar muito mais na correção dos erros. Monte sua equipe com o pé direito e alcance sucesso no empreendimento.

A vara e a disciplina dão sabedoria, mas a criança entregue a si mesma vem a envergonhar a sua mãe.
Provérbios 29:15

Você tem dificuldade de se submeter à hierarquia da empresa?

De modo que aquele que se opõe à autoridade resiste à ordenação de Deus.
Romanos 13:2

A Bíblia deixa claro que Deus instituiu as autoridades para aperfeiçoar nosso caráter e cumprir seus propósitos em nossa vida. Conseqüentemente, devemos ter um respeito saudável pelos nossos superiores na hierarquia da empresa. Não precisamos ter medo de perder o emprego o tempo todo, mas o poder que o gerente, supervisor ou diretor exerce deve nos estimular a entregar os relatórios em tempo hábil, atender bem os clientes e produzir material da melhor qualidade possível.

Mesmo que o chefe seja uma pessoa difícil, devemos nos submeter a sua autoridade em reverência a Cristo. Muitas vezes, um superior severo desenvolve suas habilidades e testa sua determinação com o intuito de prepará-lo para maiores responsabilidades.

Se você quer sucesso no trabalho, respeite a hierarquia, submeta-se à autoridade e produza resultados confiáveis.

O servo prudente goza do favor do rei, mas o que procede indignamente é objeto do seu furor.
Provérbios 14:35

Ao entrevistar um candidato a emprego, você leva em consideração sua compatibilidade com o perfil da companhia?

Tendo, porém, diferentes dons segundo a graça que nos foi dada.
Romanos 12:6

Dois fatores são essenciais para garantir sucesso e satisfação no emprego: a capacidade da pessoa para aquela função e como ela se enquadra na organização.

Como gerente responsável pela contra-tação de seus subordinados, é importante que considere as duas coisas quando entrevistar candidatos. Comece comparando as exigências do emprego com a habilidade e a experiência do candidato. Caso cumpra os requisitos, faça perguntas que demonstrem se ele é compatível com a empresa. Por exemplo, prefere trabalhar vestindo roupas mais formais ou mais esportivas? Horas fixas ou flexíveis? Liderança hierarquizada ou autonomia para as equipes?

Só porque alguém possui as habilidades necessárias não significa que se enquadra na sua empresa. Compare bem e contrate com sabedoria para obter sucesso máximo nos empreendimentos.

Então, andarás seguro no teu caminho, e não tropeçará o teu pé.
Provérbios 3:23

Seus gerentes têm capacidade de ensinar e liderar?

E o que de minha parte ouviste através de muitas testemunhas, isso mesmo transmite a homens fiéis e também idôneos para instruir a outros.
2Timóteo 2:2

Antes de promover alguém ou contratar um novo gerente para uma posição que requer desenvolvimento de pessoal, analise com cuidado se o candidato possui o dom do ensino. Para instruir, treinar e mentorear é preciso boa dose de paciência. Nem todos têm a habilidade de ensinar e liderar.

Outro importante critério é a capacidade de liderança. O candidato é capaz de tomar decisões difíceis de forma objetiva? Está disposto a assumir o peso da responsabilidade por seus subordinados? Ele enxerga o cenário mais amplo e motiva outras pessoas a trabalhar juntas para o bem comum e o sucesso da empresa?

Avalie cuidadosamente a capacidade de ensino e liderança antes de promover alguém a uma posição que exija estas qualidades. Promova com sabedoria e sua empresa prosperará.

O coração do sábio é mestre de sua boca e aumenta a persuasão nos seus lábios.
Provérbios 16:23

Você se deixa influenciar pela lábia dos vendedores?

Falam com falsidade uns aos outros,
falam com lábios bajuladores e coração fingido.
Salmos 12:2

Uma tática antiga dos vendedores é elogiar os clientes, exaltando o sucesso da empresa ou a astúcia do empresário.

Não deixe que os elogios subam à cabeça. Em vez disto, conduza a conversa de volta ao que o representante tem para oferecer. Mantenha uma atitude educada, mas foque na necessidade da companhia e naquilo que o vendedor pode fazer para contribuir na qualidade do produto ou serviço.

Deixe claro o que você precisa ou não da relação de negócio, e peça que o vendedor assuma compromissos específicos. Mantenha a objetividade e foque a meta, e sua empresa crescerá e prosperará.

Seduziu-o com as suas muitas palavras,
com as lisonjas dos seus lábios o arrastou.
Provérbios 7:21

Como você lida com ataques pessoais no ambiente de trabalho?

Torna-te, pessoalmente, padrão de boas obras. No ensino, mostra integridade, reverência, linguagem sadia e irrepreensível, para que o adversário seja envergonhado, não tendo indignidade nenhuma que dizer a nosso respeito.
Tito 2:7,8

A natureza competitiva de algumas corporações cria um clima propício a divisões, ataques pessoais e relações contenciosas. Se sua empresa não reprime conflitos e mexericos, a melhor forma de se defender é mantendo a conduta acima de qualquer suspeita. Não dê motivos para falarem mal de você.

No começo, o compromisso de andar de modo digno pode fazer com que aumentem as críticas, mas se perseverar na justiça e continuar dando bom exemplo de trabalho, falando com mansidão, sinceridade e integridade, as boas obras envergonharão os que buscam alguma coisa contra você. O gerente notará sua integridade, bem como os resultados desta postura, e você potencializará sua carreira.

A resposta branda desvia o furor, mas a palavra dura suscita a ira.
Provérbios 15:1

Você delega responsabilidades estratégicas a seus funcionários?

Por esta causa, te deixei em Creta, para que pusesses em ordem as coisas restantes, bem como, em cada cidade, constituísses presbíteros, conforme te prescrevi.
Tito 1:5

Quando o apóstolo Paulo estabeleceu igrejas por toda a Ásia Menor, delegou a alguns colegas como Tito a responsabilidade de cuidar das novas congregações, e assim pôde continuar seu ministério de plantar igrejas. Porém, sabia que Tito não poderia dirigir todas as igrejas da região, por isso o incentivou a distribuir responsabilidades a um grupo de presbíteros.

À medida que sua empresa cresce e surgem novos e grandes projetos, monte uma equipe confiável que assuma responsabilidades cada vez maiores, delegando, então, a autoridade de que ela precisa para executar suas tarefas. Quando equipamos e delegamos poder aos funcionários, multiplicamos nossa própria eficiência e alcançamos mais rapidamente as nossas metas.

Não clama, porventura, a Sabedoria,
e o Entendimento não faz ouvir a sua voz?
Provérbios 8:1

Quanto vale sua palavra?

Porque existem muitos insubordinados,
palradores frívolos e enganadores.
Tito 1:10

O ditado popular: "falar é fácil, difícil é fazer", aplica-se de modo especial no mundo empresarial. É fácil contar vantagem, falar de planos grandiosos, mas realizar as coisas e obter resultados consistentes é outra coisa. As promessas vazias destroem a credibilidade diante dos clientes e da diretoria, e logo outros perderão a confiança em sua capacidade profissional.

Deixe que um bom trabalho fale por si. Concentre sua energia em produzir resultados, e jamais terá de chamar atenção para si. Apóie a missão e a visão da companhia, cumpra sempre seus compromissos e trate colegas e clientes com honestidade. Seu chefe notará que você estabeleceu uma reputação de confiabilidade e lhe confiará responsabilidades ainda maiores.

Não te glories do dia de amanhã,
porque não sabes o que trará à luz.
Provérbios 27:1

Seus funcionários falam demais ou são bons de verdade?

Ninguém vos engane com palavras vãs.
Efésios 5:6

Gestores podem ser influenciados por funcionários que falam de planos e idéias. Mas quem garante que estão produzindo resultados efetivos? Devemos saber discernir entre os que apenas falam e os que realizam.

Peça aos membros da equipe que coloquem seus planos no papel, junto com uma descrição de como pretendem alcançá-los. Certifique-se de que cada alvo seja mensurável e que os prazos sejam razoáveis. Acompanhe o trabalho deles, veja se estão cumprindo o que prometeram e faça com que se sintam responsáveis pelos resultados.

Não deixe os falastrões saírem impunes. Tome nota durante as reuniões para registrar o que for dito. Envie mensagens para certificar-se de que todos saibam que estão sendo observados.

Ensine os falastrões a agir e recompense os realizadores, e logo terá a melhor equipe de sua empresa.

A boca do insensato é a sua própria destruição,
e os seus lábios, um laço para a sua alma.
Provérbios 18:7

Você escuta o que seus clientes têm a dizer?

Se alguém tem ouvidos para ouvir, ouça.
Marcos 7:16

A companhia conhecida por projetos inovadores e pelo aperfeiçoamento de produtos, a 3M, tira muitas idéias das queixas apresentadas pelos consumidores. Parte do segredo está no fato de a empresa realmente ouvir aquilo que dizem e trabalhar para desenvolver soluções práticas.

Quando o cliente fizer uma queixa, não fique na defensiva. Considere uma oportunidade de melhorar os produtos e serviços. A maior parte dos consumidores ainda quer continuar usando seus produtos. Se surgem queixas, preste atenção. Ouça com cuidado e leve a sério cada questão, seja ela direta ou indireta. Peça um retorno ao seu cliente e procure entender a questão sob seu ponto de vista. Permita que ele saiba que você valoriza sua opinião e tome as providências necessárias para resolver o problema.

Se aprender a tratar as reclamações do consumidor como oportunidades para melhorar, em vez de se irritar com ele, o seu produto terá melhor qualidade, seus clientes serão mais fiéis e sua empresa crescerá.

Grita na rua a Sabedoria, nas praças, levanta a voz;
do alto dos muros clama, à entrada das
portas e nas cidades profere as suas palavras.
Provérbios 1:20,21

Você realmente presta atenção ao que seus funcionários dizem?

Todo homem, pois, seja pronto para ouvir,
tardio para falar, tardio para se irar.
Tiago 1:19

Quanto mais longe estivermos do balcão, do setor de atendimento ao consumidor ou da linha de produção, mais importante é que sejamos bons ouvintes para não perder o contato com o pulso vital da empresa. Precisamos desenvolver o hábito de escutar com atenção os funcionários e dar atenção ao que eles têm a dizer. Não podemos permitir que o ego, o orgulho ou o sentimento de que "já estivemos nesta situação" bloqueie o entendimento das informações da linha de frente.

Além do mais, quando os funcionários fazem sugestões para melhorar a empresa, seremos sábios se levarmos em consideração suas opiniões e recompensarmos sua iniciativa. Aprenda a escutar sua equipe e faça a empresa crescer.

Inclina o ouvido, e ouve as palavras dos sábios,
e aplica o coração ao meu conhecimento.
Provérbios 22:17

Seus funcionários o representam bem?

Se, portanto, me consideras companheiro,
recebe-o, como se fosse a mim mesmo.
Filemon 17

Uma das razões para se trabalhar em equipe é que não podemos estar em todos os lugares ao mesmo tempo, fazendo tudo sozinhos. A outra é a potencialização da produtividade.

O melhor modo de maximizar os esforços é treinar os funcionários para representá-lo. Delegar responsabilidades é parte do treinamento e da preparação efetiva da equipe, dando a ela a autoridade de representar a empresa nos fóruns de decisões. Uma equipe bem treinada estende a habilidade e a influência do empresário a todas as áreas da empresa, alcançando os resultados desejados.

Muitas vezes, o supervisor não quer ou não consegue delegar responsabilidades a outros, mas você jamais crescerá como gerente se não aprender a treinar uma equipe tão bem a ponto de substituí-lo quando necessário. Domine a arte de desenvolver uma equipe de alto nível, e sua empresa não deixará de crescer.

Como o frescor de neve no tempo da ceifa, assim
é o mensageiro fiel para com os que o enviam,
porque refrigera a alma dos seus senhores.
Provérbios 25:13

Quando um cliente reclama, você foca na raiz do problema?

Por esta razão, importa que nos apeguemos, com mais firmeza, às verdades ouvidas, para que delas jamais nos desviemos.
Hebreus 2:1

Quando um cliente reclama de serviços mal prestados, produtos com defeito ou demora na entrega, a tendência é corrermos para resolver a questão imediata, sem identificar e corrigir a raiz do problema. Geralmente, isto significa que a queixa voltará a ocorrer.

Se o cliente tem alguma reclamação, reserve tempo para examinar a questão a fundo e busque uma solução que evite a reincidência. Isto requer uma análise crítica de sua política e de seus procedimentos, ou pode exigir maior diligência da parte da gerência para se certificar de que a solução do problema será alcançada. Mas, no fim das contas, vale a pena investir o que for necessário para resolver as coisas de uma vez por todas.

Pagarei a cada um segundo a sua obra.
Provérbios 24:29

Como você lida com os casos de inadimplência?

Evita o homem faccioso, depois de admoestá-lo primeira e segunda vez.
Tito 3:10

Os clientes que deixam de pagar na data certa podem acabar com qualquer empreendimento. A maioria das empresas que vai à falência tem problemas significativos de cobrança. Se deseja sucesso na sua empresa, não pode depender do dinheiro de quem não paga.

Desenvolva uma política de crédito adequada e que proteja a sua empresa. Divulgue claramente os termos aos clientes e peça sua concordância. Estabeleça limites razoáveis de crédito e pagamento, e cumpra-os. Se os pagamentos atrasarem, não dê mais crédito àquele cliente até que atualize o pagamento.

Passe as contas para "entrega mediante pagamento" caso o cliente comece a abusar, e não tenha medo de negar crédito aos que deixam de cumprir suas obrigações. Seja mais rigoroso no crédito para evitar um desastre financeiro mais adiante.

Tome-se a roupa àquele que fica fiador por outrem; e, por penhor, àquele que se obriga por estrangeiros.
Provérbios 20:16

Você precisa sempre levar vantagem em tudo?

Quando venderes alguma coisa ao teu próximo
ou a comprares da mão do teu próximo, não oprimas teu irmão.
Levítico 25:14

Há quem diga que é preciso saber levar vantagem em tudo. Mas, às vezes, quando a discussão fica acirrada, a negociação pode virar um cabo-de-guerra. Neste caso, ninguém ganha.

Lembre sempre de manter uma visão ampla do cenário. Ao negociar um contrato, faça uma lista das questões mais importantes. Coloque-as em ordem de prioridade e identifique o impacto que cada uma terá sobre sua empresa. Defina também as questões que não são essenciais para você, mas talvez sejam para a outra parte. Quando estiver negociando, não brigue sobre detalhes que não importam.

Saiba o momento certo de ceder, e você maximizará o sucesso de sua empresa.

Como o carvão é para a brasa, e a lenha, para o fogo,
assim é o homem contencioso para acender rixas.
Provérbios 26:21

Você perde tempo com bobagens?

Não oprimirás o jornaleiro pobre e necessitado.
Deuteronômio 24:14

Cada pessoa é especial e única. Por isso, numa equipe as pessoas usarão métodos diferentes. No esforço de padronizar procedimentos e manter a qualidade, corremos o risco de inventar uma série de regras para coisas sem importância, estabelecendo políticas desnecessárias. O resultado é a desmotivação de nossos funcionários, conflitos desnecessários e a perda de foco.

Quando estiver desenvolvendo políticas e procedimentos, identifique as questões que mais afetarão os clientes e a empresa. Se for assunto de estilo ou preferência, aprenda a ignorar as picuinhas e focar o resultado desejado, e não os passos para alcançá-lo.

Dando atenção às prioridades certas, alcançando bons resultados e atendendo bem os clientes você poderá celebrar o sucesso sem perder tempo com bobagens.

Honroso é para o homem o desviar-se de contendas,
mas todo insensato se mete em rixas
Provérbios 20:3

Você sabe trabalhar sob pressão?

Tendo visto Faraó que cessaram as chuvas, as pedras e os trovões, tornou a pecar e endureceu o coração, ele e os seus oficiais.
Êxodo 9:34

Quando Deus enviou as pragas ao Egito, o faraó rapidamente concordou em mudar de comportamento e permitir que os israelitas saíssem da terra. Contudo, tão logo cada praga era retirada, ele voltava para a obstinação original e não deixava o povo ir. Este comportamento resultava em problemas cada vez maiores.

Estar sob pressão pode ser bom para nosso desempenho em resposta à crise. Por exemplo, para resolver um problema de falta de capital de giro, podemos tentar antecipar contas a receber. Mas há o perigo de, quando a tempestade passar, relaxarmos e voltarmos a ser como éramos antes, como se fazer caixa não fosse mais importante.

Se realizamos mudanças positivas para resolver um problema, não podemos parar quando cessa a pressão. Mantenha o foco e a intensidade, e não precisará enfrentar os mesmos problemas repetidamente.

A mão diligente dominará, mas a remissa será sujeita a trabalhos forçados.
Provérbios 12:24

Você tem dificuldade para completar projetos importantes?

Combati o bom combate, completei a carreira, guardei a fé.
2Timóteo 4:7

Quando surgem novos projetos, nos animamos e começamos a trabalhar com grande entusiasmo. Terminá-los com o mesmo pique, porém, é outra história. Depois que a novidade passa, devemos nos disciplinar a continuar até completar tudo.

Mesmo que fiquemos esgotados e surjam novos projetos, precisamos resistir à tentação de deixar de lado o trabalho que está inacabado e ficar firmes até completar o que temos em mãos.

Os clientes esperam um trabalho completo, e não se satisfarão com menos do que isto. Planeje bem, trabalhe com diligência e complete cada tarefa nos últimos detalhes, e os clientes, satisfeitos, voltarão procurando mais.

Não é bom proceder sem refletir, e peca quem é precipitado.
Provérbios 19:2

Seus funcionários conhecem a missão e a visão da empresa?

Uns, pois, gritavam de uma forma; outros, de outra; porque a assembléia caíra em confusão. E, na sua maior parte, nem sabiam por que motivo estavam reunidos.
Atos 19:32

Toda empresa, grande ou pequena, precisa uma declaração de missão — uma declaração por escrito do motivo pelo qual ela existe. É deste documento que deriva a visão da companhia, que define como será a empresa no futuro, quando obtiver sucesso em sua missão.

As declarações de missão e de visão oferecem direção para todos na companhia, para que desenvolvam suas atividades e responsabilidades específicas. A missão se torna foco e ponto central que conduz ao alvo final. A visão ajuda a manter os funcionários no rumo certo e trabalhando juntos, atendendo bem os clientes.

Escreva as declarações de missão e visão, coloque-as em locais visíveis no ambiente de trabalho e estimule os funcionários a trabalhar com objetivos bem definidos.

Não havendo profecia, o povo se corrompe;
mas o que guarda a lei, esse é feliz.
Provérbios 29:18

Sua ética profissional é questionável?

Então, não terei de que me envergonhar,
quando considerar em todos os teus mandamentos.
Salmos 119:6

Toda empresa corre o risco de passar uma imagem negativa diante de seus clientes por vários motivos, como alterar um preço no *scanner* do caixa, deixar de honrar uma garantia, ser obrigada a recolher um produto defeituoso ou qualquer outra situação que possa significar o prejuízo de sua reputação.

A melhor proteção contra este perigo é conduzir os negócios com integridade máxima e solucionar rapidamente os problemas quando eles surgem. Mantenha transparência em tudo. Quando avaliar sua política e seus procedimentos, pergunte-se: "Se nossos clientes pudessem ver tudo que fazemos, eles ficariam satisfeitos?" Se a resposta for negativa, você tem um trabalho importante a fazer.

Tratando cada tarefa e atendendo cada cliente com diligência e honestidade, nunca precisaremos nos preocupar com a revelação da verdade.

Dois pesos são coisa abominável ao Senhor,
e balança enganosa não é boa.
Provérbios 20:23

Seus superiores recebem informações precisas, sejam elas boas ou más?

Em todo negócio frauduloso (...) pagará o dobro ao seu próximo.
Êxodo 22:9

O preço por sonegar informações a seus superiores na hierarquia da empresa pode ser muito alto. Além de sofrer as conseqüências imediatas pela omissão, você pode perder a credibilidade. Deixar de reportar os problemas tão logo eles surjam é um erro que diminui a confiança do gerente ou supervisor. Até mesmo deixar de compartilhar boas notícias mostra que o chefe não está sendo adequadamente informado. Ninguém gosta de saber das novidades por vias indiretas.

Desenvolva a prática de sempre manter a chefia bem-informada, especialmente sobre problemas entre clientes e funcionários, questões sobre produtos ou um cliente descontente. O gerente pode ser uma fonte valiosa de informações para resolver a situação e evitar problemas futuros.

Não sonegue informações. Com isso, manterá a confiança de seu supervisor em projetos de sucesso a longo prazo.

O homem se alegra em dar resposta adequada,
e a palavra, a seu tempo, quão boa é!
Provérbios 15:23

É preciso conhecer o ambiente corporativo moderno para selecionar candidatos a cargos estratégicos?

Então, o rei consultou os sábios que entendiam dos tempos.
Ester 1:13

Os tempos mudam, e mudam também as perspectivas empresariais. Ao selecionar pessoas para contratação ou promoção, verifique primeiro se elas entendem o ambiente corporativo moderno em todos os seus aspectos. Selecione somente quem já conheça o mercado, a concorrência e saiba atrair e manter novos clientes.

Uma ótima pergunta para a entrevista é: "Qual a lição mais importante que você aprendeu em cada emprego que teve nos últimos dez anos?" Procure respostas que demonstrem disposição de aprender, capacidade de adaptação e desejo de crescer.

Faça perguntas que revelem o conhecimento e a competência da pessoa quanto a questões importantes que afetem o trabalho, como tecnologia, tendências de mercado e leis trabalhistas atuais.

Selecionar para sua equipe pessoas que entendam os tempos modernos e possam ajustar-se a um ambiente empresarial tão dinâmico pode fazer a diferença entre uma carreira bem-sucedida e o fracasso total.

Como um flecheiro que a todos fere, assim é o que assalaria os insensatos e os transgressores.
Provérbios 26:10

Como você sabe que os funcionários estão rendendo o que podem?

Vê, pois, que tudo faças segundo o modelo
que te foi mostrado no monte.
Êxodo 25:40

Nada destrói mais a confiança do cliente em sua empresa do que comprometimento na qualidade ou irregularidade no serviço. Como gestor, você é responsável pela manutenção de um padrão de desempenho e o devido acompanhamento do rendimento dos funcionários a partir dos critérios estabelecidos.

Desenvolva instruções detalhadas, por escrito, para sua equipe. Treine-a completamente até que entenda bem a demanda. Demonstre como quer que o trabalho seja feito e verifique se os funcionários entenderam as instruções.

Não coloque um funcionário novo na arena sem oferecer treinamento adequado. Os clientes não querem saber se a falha no serviço é de um novato ou de alguém com experiência — só esperam ser bem-atendidos. Estabeleça padrões claros de qualidade de serviço ao consumidor e aumente a produtividade, bem como a satisfação dos clientes.

Ele reserva a verdadeira sabedoria para os retos;
é escudo para os que caminham na sinceridade.
Provérbios 2:7

Você é crítico com seu próprio trabalho?

Mas prove cada um o seu labor e, então, terá motivo de gloriar-se unicamente em si e não em outro.
Gálatas 6:4

Você é responsável por produzir o melhor trabalho possível a cada dia. Certifique-se de que sabe o que a gerência ou a diretoria espera, e então avalie a qualidade e a quantidade de seu serviço. Estabeleça um padrão que supere as expectativas para que o trabalho seja considerado excelente, jamais de segunda categoria.

Não espere até o chefe olhar por cima de seu ombro. Mantenha suas próprias referências. Se não estiver alcançando o alvo, desenvolva um plano de ação para melhorar.

Sendo responsável por seu trabalho, mantendo alto padrão e trabalhando consistentemente para manter o nível de produção, você nunca terá que se preocupar com surpresas negativas na avaliação anual. Pelo contrário, dará ao supervisor a oportunidade de elogiar com sinceridade um excelente trabalho.

Não tema a autocrítica. Siga os passos necessários para se desenvolver profissionalmente e deixe que seu desempenho brilhe como uma luz.

Mais poder tem o sábio do que o forte, e o homem de conhecimento, mais do que o robusto.
Provérbios 24:5

Você confia em todas as promessas de fornecedores?

Porventura, o ouvido não submete à prova as palavras, como o paladar prova as comidas?
Jó 12:11

Tem gente capaz de dizer qualquer coisa para fechar uma venda. Como comprador, você precisa avaliar as palavras dos representantes dos fornecedores. Preste atenção e tome nota durante as reuniões com vendedores. Registre as promessas e as declarações importantes que ouvir, e faça perguntas para esclarecer qualquer ponto confuso.

Pergunte como o fornecedor cumpre os prazos de entrega e que tipo de serviço oferece depois da venda. Como faz a manutenção dos produtos? Exija esclarecimentos sobre declarações vagas, do tipo "nosso produto é o melhor" — que provas oferecem disto?

Uma vez fechada a compra, peça uma declaração ou um contrato que confirme cada promessa feita. Se tudo estiver claro, tanto você quanto o fornecedor saberão o que esperar. O resultado será uma parceria positiva, que servirá bem à sua empresa.

Para entender provérbios e parábolas, as palavras e enigmas dos sábios.
Provérbios 1:6

Sua empresa está pronta para uma fiscalização?

Sede vós semelhantes a homens que esperam pelo seu senhor (...) para que, quando vier e bater à porta, logo lha abram.
Lucas 12:36

Toda empresa está sujeita a uma fiscalização imediata e sem aviso. Se o fiscal chega exatamente às 17h, todo mundo fica ali até ele completar o serviço. Por isso, os bons gestores sabem que precisam estar preparados.

Aplique o mesmo padrão à sua área de responsabilidade e esteja sempre pronto para dar um relatório do que faz e de seu progresso. Não deixe coisas pendentes, mantenha o trabalho atualizado e resolva todo tipo de pendência.

Talvez o fiscal pergunte exatamente sobre o único item que não está em dia, mas se você tiver tudo sob controle, estará pronto para responder com um plano de ação. Esteja pronto o tempo todo, e a visita do fiscal não será motivo de pânico.

Não temas o pavor repentino,
nem a arremetida dos perversos, quando vier.
Provérbios 3:25

Você está pronto para atender seus clientes em qualquer circunstância?

Cingido esteja o vosso corpo, e acesas, as vossas candeias.
Lucas 12:35

As empresas de maior sucesso são aquelas que procuram atender a necessidade e a conveniência do cliente. Parece simples, mas chega a surpreender o número de empresas que parecem não ligar para os consumidores.

Saiba bem o que os seus clientes pedem; compre e mantenha níveis adequados de estoque para sempre poder dizer: "Sim, temos este item disponível".

Contrate e escale funcionários em número suficiente para que o cliente não tenha que esperar muito para ser atendido. Estabeleça o horário de atendimento da forma mais conveniente para os consumidores.

Se não estiver pronto para atendê-los bem, outra empresa o fará. Neste caso, perderá para sempre o cliente.

Cuida dos teus negócios lá fora, apronta a lavoura no campo e, depois, edifica a tua casa.
Provérbios 24:27

Você acata as diretrizes da companhia?

Não vos deu Moisés a lei? Contudo, ninguém dentre vós a observa.
João 7:19

Todo dia traz decisões complexas e difíceis de se tomar. Talvez precisemos resolver se aceitamos a devolução de uma mercadoria sem nota fiscal, se estendemos o crédito a um cliente ocasional ou se imple-mentamos uma política de recursos humanos não muito popular. A não ser que nos peçam para fazer algo ilegal ou contrário à lei maior de Deus, somos responsáveis por cumprir a letra e o espírito das políticas e diretrizes da empresa, ainda que não concordemos com tudo.

Muitos grandes erros são cometidos por funcionários que resolvem saber mais do que a empresa e escolhem ignorar diretrizes estabelecidas. Se você discorda da política da empresa, converse com a diretoria e sugira uma mudança positiva. Conduzida por meio dos canais competentes, a sua idéia poderá tornar-se parte da política empresarial.

Seja um membro bem-sucedido da equipe, cumprindo suas responsabilidades e acatando a política da empresa.

Não havendo profecia, o povo se corrompe;
mas o que guarda a lei, esse é feliz.
Provérbios 29:18

O que mais o atrai numa oferta de trabalho: o salário ou os benefícios?

Não julgueis segundo a aparência, e sim pela reta justiça.
João 7:24

Antes de dizer "sim" para uma oferta de emprego, responda o seguinte:

- A firma tem boa reputação no mercado? Sua gerência é honesta e clara?
- Você entende e concorda com a declaração de missão da companhia? Está entusiasmado com os produtos e serviços que ela oferece?
- Como você se enquadra nela? Uma pessoa visionária talvez não se encaixe bem numa empresa conservadora, de linha dura. Mesmo que suas habilidades e sua experiência combinem com a descrição da posição, é possível ficar descontente se não se encaixar na cultura corporativa.

Encontrar o emprego certo inclui a análise cuidadosa de todos os aspectos e de como a empresa corresponde às suas habilidades, sua experiência, seus interesses e sua personalidade. Olhe bem antes de dar o salto e você ampliará as perspectivas de sucesso no emprego a longo prazo.

Feliz o homem que acha sabedoria,
e o homem que adquire conhecimento.
Provérbios 3:13

Ao diagnosticar problemas, você se manifesta ou fica em silêncio?

Quando alguém pecar nisto: tendo ouvido a voz da imprecação, sendo testemunha de um fato, por ter visto ou sabido e, contudo, não o revelar, levará a sua iniqüidade.
Levítico 5:1

Um funcionário de certo restaurante observou que o cozinheiro ignorava as regras da Vigilância Sanitária, violando diretrizes claras da gerência. Preferiu ficar quieto, e a prática insalubre continuou. Quando o fiscal fez uma visita repentina, a infração foi descoberta e anunciada pela imprensa. O restaurante foi multado, resultando em muita publicidade negativa.

Se identificamos um problema na empresa ou acreditamos que um cliente esteja insatisfeito, temos a obrigação de comunicar aos nossos superiores o que observamos. É possível que nos omitamos por querer evitar problemas, por desejar prejudicar algum colega ou por temer estar errados. A lealdade, porém, deve ser aos interesses da empresa. Fale!

A testemunha falsa perecerá,
mas a auricular falará sem ser contestada.
Provérbios 21:28

Você tripudia da concorrência quando a derrota?

Tu não devias ter olhado com prazer
para o seu mal, no dia da sua calamidade.
Obadias 13

Quando ganhamos uma grande licitação ou tiramos um cliente do concorrente, podemos nos alegrar com a vitória, mas não tripudie. Exultar sobre a derrota de outra empresa leva ao excesso de autoconfiança e pode acirrar a ira, deflagrando atitudes de retaliação.

Tempos atrás, um concorrente se gabava repetidamente de ter retirado uma grande conta da minha empresa. Depois de um tempo, fiz um arquivo especial com os nomes de todas as contas deste concorrente, que passei a tentar atrair de volta. Como resultado direto da atitude desdenhosa daquela pessoa, trabalhei com maior afinco para alcançar os clientes.

Se você consegue uma grande conta, reconheça que o trabalho está apenas começando. Em vez de se gabar, foque na dedicação de entusiasmo e energia no atendimento ao novo cliente, e assim continuará crescendo.

A soberba precede a ruína, e a altivez do espírito, a queda.
Provérbios 16:18

Você faz anotações durante as reuniões?

O que vês escreve em livro.
Apocalipse 1:11

Quantas vezes você já participou de uma reunião, ouvindo atentamente, mas sem tomar nota dos pontos importantes para, mais tarde, se esquecer de alguma coisa importante que foi dita? Se seu supervisor ou cliente dedica tempo para dizer alguma coisa, vale a pena escrever a informação.

Quando o Senhor deu ao apóstolo João a visão dos tempos do fim, ele o instruiu a escrever o que via. De outra forma, João não saberia lembrar de tudo.

O tempo faz desvanecer a memória e pode até *reescrever* detalhes importantes. Para um desempenho melhor, tome nota de tudo durante as reuniões, tanto sobre informações quanto a alternativas de ação. Transforme essas informações em tarefas e delegue o que for necessário para seus funcionários.

Tome nota e parta para ação. Você se surpreenderá com a precisão e a eficácia de seu trabalho, inclusive nos resultados finais.

Porventura, não te escrevi excelentes coisas acerca de conselhos e conhecimentos, para mostrar-te a certeza das palavras da verdade, a fim de que possas responder claramente aos que te enviarem?
Provérbios 22:20,21

Seu departamento vira um caos quando você precisa se ausentar?

De minha parte, esforçar-me-ei, diligentemente, por fazer que, a todo tempo, mesmo depois da minha partida, conserveis lembrança de tudo.
2Pedro 1:15

Se um cliente telefonar enquanto você estiver fora, os seus colegas dispõem de informações necessárias para atendê-lo bem? Seu trabalho mantém o ritmo e suas chances de promoção aumentam quando você facilita a vida do restante da equipe.

Dedique tempo para escrever procedimentos claros e concisos que cubram cada uma das suas responsabilidades. Mantenha um cadastro que permita encontrar documentos importantes e a lista dos principais contratos. Torne sua equipe consciente desses recursos e incentive-a a utilizar essas informações quando você não estiver por perto.

Com tarefas bem organizadas e documentadas, você aumenta a eficiência da empresa, bem como seu prestígio diante da gerência.

Dá instrução ao sábio, e ele se fará mais sábio ainda; ensina ao justo, e ele crescerá em prudência.
Provérbios 9:9

Você permite atrasos no pagamento de impostos ou salários?

A paga do jornaleiro não ficará contigo até pela manhã.
Levítico 19:13

Toda empresa tem a responsabilidade moral de garantir que todos os compromissos sejam pagos na data certa — e isto inclui os salários e impostos.

Se a empresa tiver pouco capital disponível, faça todo o possível para pagar os funcionários em dia. Atrasos podem ser catastróficos. A motivação e a confiança dos funcionários caem, e você pode perder alguns dos melhores profissionais, que vão para outras empresas mais pontuais. Da mesma forma, se o pagamento de impostos atrasa, os juros e as multas aumentam rapidamente, prejudicando ainda mais a empresa. Uma vez atrasado, é mais difícil acertar o passo.

Desenvolva um plano e mantenha reservas para quando os negócios estiverem em ritmo mais lento. Priorize a folha de pagamento. Pague em dia todos os salários, preservando seu maior patrimônio: os funcionários.

Ando pelo caminho da justiça, no meio das veredas do juízo, para dotar de bens os que me amam e lhes encher os tesouros.
Provérbios 8:20,21

Sua empresa contrata deficientes?

Não (...) porás tropeço diante do cego.
Levítico 19:14

As leis atuais exigem que as empresas mantenham instalações adequadas para funcionários portadores de necessidades especiais, como cegos, surdos etc. As Escrituras sempre nos instruíram a ajudar os que têm deficiências e cuidar dos necessitados.

Isto não é apenas bíblico; também faz muito sentido prático. Só porque uma pessoa tem uma deficiência, não significa que ela não possa realizar várias tarefas muito bem. Quando ajudamos os que enfrentam desafios especiais, é possível que estejamos contratando um funcionário de primeira grandeza que foi ignorado por outras empresas.

Avalie as posições que devem ser preenchidas. Procure ver onde há oportunidade para alguém com deficiência. Considere as exigências da função, examine cuidadosamente as qualificações da pessoa e pense em como o candidato poderia se enquadrar.

Se buscarmos uma maneira de seguir o princípio divino de cuidar dos deficientes, formaremos uma ótima equipe com funcionários leais, que proporcionarão sucesso a longo prazo.

Abre a mão ao aflito; e ainda a estende ao necessitado.
Provérbios 31:20

Você desrespeita a concorrência?

Não andarás como mexeriqueiro entre o teu povo.
Levítico 19:16

No calor da batalha para conquistar uma nova conta, somos tentados a espalhar informações negativas sobre a concorrência. Rebaixar os outros jamais será o melhor método de crescer no mercado. Espalhar rumores só nos faz perder a credibilidade.

A melhor estratégia de vendas e *marketing* é sempre a de focar em seus próprios pontos fortes. Se a concorrência tiver áreas de fraqueza visíveis, identifique a força de sua empresa naquela área e fale disto. Se a concorrência é vagarosa nas entregas, enfatize a confiabilidade e a rapidez de sua empresa. Se a rotatividade do quadro de funcionários da empresa rival é alta, concentre seu trabalho na estabilidade de seus funcionários. Venda o produto ou o serviço no qual você é forte: é receita garantida de sucesso.

O que retém o ódio é de lábios falsos, e o que difama é insensato.
Provérbios 10:18

Você respeita os funcionários antigos ou os trata com desdém?

Diante das cãs te levantarás, e honrarás a presença do ancião.
Levítico 19:32

No mundo veloz da internet, dos magnatas das empresas *pontocom* e da concorrência global, jovens empresários e gestores podem achar que sabem tudo e que os funcionários mais antigos estão ultrapassados.

No entanto, ainda que as tecnologias sejam um desafio a qualquer executivo veterano, as lições que eles aprenderam com o tempo podem proporcionar ajuda e visão valiosíssimas aos colegas mais jovens.

À medida que minha carreira no mundo empresarial foi se desenvolvendo, houve tempo em que não escutava a voz da experiência, e paguei caro por isto. Quando ouvi os conselhos sábios dos executivos mais antigos, consegui evitar várias armadilhas.

Não importa o quanto esteja na vanguarda, sua empresa será prudente se buscar e ouvir o conselho dos mais experientes. Ela lucrará com a orientação de quem já pagou o preço antes.

O ornato dos jovens é a sua força,
e a beleza dos velhos, as suas cãs.
Provérbios 20:29

Quando promove alguém, você o informa sobre suas expectativas?

Dá ordens a Josué, e anima-o, e fortalece-o;
porque ele passará adiante deste povo.
Deuteronômio 3:28

Ao nomear novos gerentes, é importante delegar responsabilidades claras e investir a autoridade necessária para realizar bem o trabalho.

Explique o que espera deles, estabelecendo alvos claros, objetivos mensuráveis. Converse sobre a conduta da pessoa que deve ocupar a posição, especialmente se ela ocupava um cargo da base da empresa, e tire todas as dúvidas. Em seguida, informe toda a equipe sobre seu apoio a esse novo gerente.

Uma vez desenvolvidas as responsabilidades objetivas e estabelecidas as linhas claras de autoridade, haverá um fundamento firme para delegar responsabilidades, e seu gerente estará preparado para o sucesso.

Com medidas de prudência farás a guerra;
na multidão de conselheiros está a vitória.
Provérbios 24:6

Você apóia os novos gerentes?

Dá ordens a Josué, e anima-o, e fortalece-o;
porque ele passará adiante deste povo.
Deuteronômio 3:28

Ao promover alguém a um cargo de gerência, não deixe a pessoa sozinha, sem encorajamento e apoio. Identifique a capacidade de liderança e as aptidões que fizeram com que esse funcionário ganhasse sua confiança. Ao mesmo tempo, preste atenção a áreas de fraqueza que precisam reforçadas e desenvolva um plano para ajudar o novo gerente.

Certifique-se de que deu o treinamento e a orientação necessários para que o novo gerente tenha um bom desempenho. Acompanhe sempre o que acontece com ele ou ela, perguntando quais os desafios que enfrenta e sugerindo maneiras de vencê-los.

Lembre-se que os novos gerentes precisam e merecem apoio extra até que se sintam plenamente acostumados com a nova função. Ofereça incentivo, treinamento e orientação ao novo gerente, e ele trará sucesso para sua empresa.

Ouvi o ensino, sede sábios e não o rejeiteis.
Provérbios 8:33

Você sabe como se livrar da rotina?

Então, o Senhor me falou, dizendo: Tendes
já rodeado bastante esta montanha.
Deuteronômio 2:2,3

Uma definição de loucura é "continuar a fazer as mesmas coisas, mas esperar resultados diferentes". No mundo empresarial, entrar na rotina é quase uma tendência. Quando você se esforça numa iniciativa sem chegar a algum lugar, *patina* ou caminha em círculos, é hora de se libertar, mudar de direção e tentar algo ousado e novo.

Pare o tempo necessário para determinar que espécie de mudança trará os melhores resultados e quebre o ciclo. Se a nova direção não chegar a nada, pare e repense a posição. Mas se estiver progredindo, prossiga e aproveite o impulso de ir em frente.

Se não estiver disposto a mudar, não chegará a lugar algum. Saia da velha rotina e crie uma nova direção para o sucesso de sua empresa.

Em andando por elas, não se embaraçarão os teus passos;
se correres, não tropeçará.
Provérbios 4:12

Você honra um aperto de mão tanto quanto um contrato?

Quando um homem fizer voto (...) juramento (...)
não violará a sua palavra; segundo tudo o que prometeu, fará.
Números 30:2

Antigamente se fazia negócios dando como garantia o fio da barba. O aperto de mão era tão garantido quanto uma assinatura em documento juramentado. Mas alguns empresários e executivos de hoje são especialistas em criar e usar brechas da lei para alterar e evitar a as obrigações previstas em contrato. Tais práticas deixam todos desconfiados e abalam a confiança nos relacionamentos.

Conduza seus negócios de acordo com a integridade de sua palavra. Em um contrato, mantenha os termos simples e compreensíveis para todos, e cumpra todos os detalhes. É melhor não prometer do que prometer e não cumprir. A sua palavra tem valor.

Honre todos os seus compromissos. Seus fornecedores o amarão e seus clientes voltarão sempre.

Mais vale o bom nome do que as muitas riquezas;
e o ser estimado é melhor do que a prata e o ouro.
Provérbios 22:1

Quando pede a opinião dos clientes, você escuta o que dizem?

Ouvi, ó sábios, as minhas razões; vós, instruídos, inclinai os ouvidos para mim.
Jó 34:2

Quando fazemos compras ou comemos em algum restaurante, é comum nos perguntarem: "Está tudo bem, de acordo?"; ou "Está gostando?". Já teve a impressão de que a pessoa que faz a pergunta não liga a mínima pela resposta?

Melhor não perguntar do que perguntar e não valorizar resposta. Em sua empresa, quando perguntar ao cliente se está tudo bem, pare por um segundo, olhe nos olhos e preste atenção na resposta.

Dê tempo para o cliente responder à pergunta. Se ele levantar alguma dúvida, resolva a questão sem argumentar ou se defender. Seja a resposta negativa ou positiva, agradeça a disposição de dedicar tempo para contribuir com uma nova perspectiva sobre o assunto.

Escute o cliente com atenção, e sua empresa crescerá.

Agora, pois, filho, dá-me ouvidos e sê atento às palavras da minha boca.
Provérbios 7:24

Você procura novos empreendimentos nos lugares certos?

Poderão correr cavalos na rocha? E lavrá-la com bois?
Amós 6:12

Ninguém tenta uma plantar sobre rocha sólida. Procuramos campos em que o solo já é rico e fértil. Quando desejamos expandir uma empresa, devemos aplicar o mesmo princípio: trabalhar a terra boa.

Muitas vezes, o melhor lugar para se plantar novas sementes é com clientes atuais, porque o trabalho duro de preparar o solo já foi feito. Os seus consumidores apreciam a atenção pessoal, e você merecerá sua fidelidade.

Procure maneiras de aumentar as vendas, recompensando clientes atuais com bônus como cartões de jantar, descontos adicionais ou reconhecimento especial. Peça à sua equipe de vendas para analisar o que pode fazer para conquistar ainda mais mercado.

Ao trabalhar o terreno fértil dos clientes atuais, suas vendas aumentarão, e sua empresa crescerá.

Examina uma propriedade e adquire-a;
planta uma vinha com as rendas do seu trabalho.
Provérbios 31:16

Você estabelece padrões claros de qualidade para que os funcionários atinjam as expectativas dos clientes?

O Senhor me disse: Que vês tu...? Respondi: Um prumo.
Amós 7:8

O prumo é usado para estabelecer uma linha absolutamente vertical, importante padrão para construir muros retos, por exemplo. Da mesma forma, precisamos desenvolver e manter padrões de qualidade que nos ajudem a cumprir as expectativas dos clientes, ou eles podem nos deixar pela concorrência.

Avalie sua empresa e estabeleça padrões claros, de alta qualidade, para tudo que ela faz. Treine os empregados para buscar desenvolvimento em qualidade o tempo todo, e insista para que eles cumpram isso.

O gerente tem a tarefa de assegurar que esses padrões importantes são cumpridos, e ajustá-los quando os produtos ou serviços estiverem "fora do prumo".

Focar na qualidade tem suas recompensas: maior satisfação do cliente e crescimento da empresa.

No caminho da sabedoria, te ensinei
e pelas veredas da retidão te fiz andar.
Provérbios 4:11

Como você reage quando um funcionário erra por desconhecimento?

Agora, irmãos, eu sei que o fizestes por ignorância.
Atos 3:17

Em Atos 3, Pedro fala à multidão que se juntou, maravilhada da cura do mendigo coxo. Primeiro, ele reconhece que o povo é ignorante da verdade sobre Jesus Cristo, e passa a ensiná-los sobre arrependimento e salvação.

Quando ocorrerem erros em sua empresa, dê à pessoa em questão o benefício da dúvida. Se o erro for cometido por ignorância, trate com calma a situação. Desabafar sua frustração não ajuda em nada, especialmente se o funcionário realmente não sabia fazer melhor.

Esclareça as circunstâncias, explique os resultados do erro e ensine ao funcionário como evitar o problema da próxima vez. Se possível, instrua a pessoa para refazer o trabalho e consertar o erro.

Se tratar os erros como oportunidades de aprendizado, sua equipe crescerá e se tornará mais produtiva.

Não te apresses a litigar, pois, ao fim, que farás,
quando o teu próximo te puser em apuros?
Provérbios 25:8

Você deixa oportunidades escapar?

A pedra que os construtores rejeitaram,
essa veio a ser a principal pedra, angular.
Salmos 118:22

Se nosso pensamento se restringir aos meios mais convencionais, podemos perder tremendas oportunidades. Procure, em sua empresa, novas formas de utilizar recursos existentes para gerar maior renda ou cortar os custos.

Por exemplo, uma cadeia de lojas economizou dinheiro queimando paletes de madeira, em vez de pagar para levá-los ao depósito de lixo. Em outro caso, o dono de um ferro velho aumentou os lucros desenvolvendo um método de separar metais magnéticos de outras partes de carros despedaçados.

Avalie os subprodutos de sua empresa para se certificar de que não esteja desperdiçando recursos ou perdendo oportunidades de expandir a receita. Procure um modo de rever o conceito corporativo sobre lixo e reciclagem, de maneira que possa transformar uma perda em lucro.

Cada *pedra rejeitada* para a qual você encontrar uso fará diferença em seu lucro total.

Os arganazes, povo não poderoso; contudo,
fazem a sua casa nas rochas.
Provérbios 30:26

Seu trabalho é focado?

Poderão correr cavalos na rocha? E lavrá-la com bois?
Amós 6:12

Ao ligar para os clientes, não se precipite na tentativa de fazer o maior número de contatos possível. Reserve tempo para organizar as prioridades e focar nas melhores prospecções. Como um cavalo que escorrega nas pedras, você tropeçará em seus esforços de venda se sair correndo sem considerar o caminho que vai seguir.

Antes de pegar no telefone ou começar a andar pelas ruas, pesquise as necessidades do possível cliente e analise como o seu produto se enquadra melhor nessas necessidades. Telefone antes para os clientes em potencial e procure saber do que precisam, estabelecendo um relacionamento mais próximo com os contatos principais. Mapeie com cuidado o território e faça sua melhor apresentação.

Escolha atentamente o seu caminho, e certamente você alcançará o destino. Não escorregará se gastar as energias de forma eficaz, obtendo novos negócios.

Assim, andarás pelo caminho dos homens de bem e guardarás as veredas dos justos.
Provérbios 2:20

Você procura oportunidades que outros ignoram?

Ela se foi, chegou ao campo e apanhava após os segadores.
Rute 2:3

Ao começar um novo empreendimento, um segredo para o sucesso está em encontrar um mercado específico que não esteja sendo bem atendido, focar seus esforços naquele segmento. A rede de supermercados Wal-Mart começou oferecendo serviços em pequenas comunidades ignoradas pelas grandes lojas de departamentos. Hoje, é a maior empresa de seu ramo no mundo.

Em seu ramo de negócios, existem necessidades que não estejam sendo atendidas? Que fatia desse segmento você consegue conquistar? Quem está atuando naquele mercado? A sua localização é melhor que a da concorrência? Como você consegue influenciar o mercado para se tornar mais competitivo? Que oportunidades estão "por aí", no campo, esperando para ser aproveitadas?

E não pagará ele ao homem segundo as suas obras?
Provérbios 24:12

Seus funcionários assimilaram a visão de sua empresa?

O rei se pôs em pé junto à coluna e fez aliança ante o Senhor (...)
E todo o povo anuiu a esta aliança.
2Reis 23:3

A liderança eficaz inclui o desenvolvimento de declarações claras da visão e da missão da empresa, com alvos plausíveis que permitam medir o progresso e o sucesso. O próximo passo importante é fazer com que a equipe assimile a missão e a visão.

Não basta apenas explicar o plano da empresa; os funcionários devem torná-los seus também. Comece ganhando o apoio de gerentes e supervisores. Sem apoio geral à visão da empresa, não há um trabalho conjunto para atingir um propósito comum, e isto só resulta em divisão e distração.

Comece definindo claramente a visão e a missão, e peça aos funcionários que respondam, dando sugestões para sua implementação. Torne a visão fácil de entender, e os funcionários assimilarão o processo. A unidade de propósito que surgirá dessa iniciativa trará sucesso à empresa.

Porque deveras haverá bom futuro;
não será frustrada a tua esperança.
Provérbios 23:18

Todo o equipamento da empresa está em condições de uso?

Fez Josafá navios de Társis, para irem a Ofir em busca de ouro; porém não foram, porque os navios se quebraram em Eziom-Geber.
1Reis 22:48

De acordo com a "lei de Murphy", se alguma coisa pode dar errado, dará, e no pior momento possível. Um antídoto é sempre manter os equipamentos importantes, os *softwares* e as instalações em boas condições.

Se o equipamento dá sinais de desgaste ou precisa de consertos muito freqüentes, não espere mais. Chame imediatamente o serviço de manutenção. Se os computadores estiverem lentos, atualize-os. Não espere pelo problema mais grave na pior hora. Se o caminhão de entregas está queimando óleo, leve ao mecânico antes que um motor fundido complique a expedição.

Coloque como prioridade a manutenção e a atualização do equipamento como investimento para o futuro. Mantenha todo o seu equipamento em excelentes condições para ter sucesso a longo prazo.

Atende ao bom andamento da sua casa e não come o pão da preguiça.
Provérbios 31:27

Você persegue um objetivo estratégico sem se desviar?

Asael perseguiu a Abner e, na sua perseguição,
não se desviou nem para a direita, nem para a esquerda.
2Samuel 2:19

A não ser que esteja escalando uma montanha irregular, o caminho mais rápido para um alvo geralmente é uma linha reta. No mundo dos negócios, muitas vezes somos tentados a nos desviar ou distrair dos alvos principais. Todo atraso, porém, custa tempo e dinheiro, e quanto mais rápido alcançamos um alvo importante, mais rapidamente colhemos os frutos.

Elabore logo uma declaração explícita de missão e visão. Quando o propósito for claro e envolvente, é mais fácil continuar mirando no alvo. Em seguida, desenvolva um plano de ação que o ajude a alcançar os objetivos. Estabeleça “marcos de quilometragem” para medir o progresso. Então, vá em frente! Depois de pegar a estrada e começar a se mover, o sucesso será rápido e certo.

A estultícia é alegria para o que carece de entendimento,
mas o homem sábio anda retamente.
Provérbios 15:21

Quando avalia a concorrência, você observa as tendências?

Davi se ia fortalecendo, porém os da casa de Saul se iam enfraquecendo.
2Samuel 3:1

A maioria das empresas não surge ou desaparece de uma hora para a outra. O motivo da glória ou do fracasso pode parecer óbvio demais, mas é possível que vários fatores tenham atuado durante meses ou anos.

Se você estiver perdendo terreno para a concorrência, verifique e trate rapidamente as suas fraquezas e descubra novas maneiras de aprimorar seus pontos fortes. Identifique a raiz da dificuldade e estabeleça um plano de mudança. Aja com rapidez e firmeza. Se a tendência for de queda, o tempo não está a seu favor.

Os mesmos princípios se aplicam na tendência de crescimento. Se você identifica uma vantagem competitiva, aja rapidamente para aproveitamento máximo desta descoberta. Identifique os pontos fortes de sua empresa e desenvolva um plano de maximizar os retornos no investimento. Seja qual for a indicação do mercado, observe as tendências, aja rapidamente e sua empresa continuará por cima.

A boa inteligência consegue favor.
Provérbios 13:15

Você está atento para os sinais de alerta?

Porém o povo não atendeu à voz de Samuel.
1Samuel 8:19

É raro as empresas perderem clientes de repente ou sem razão. Em geral, ele avisa quando está insatisfeito ou dá sinais antes de buscar outro fornecedor.

O segredo para manter os clientes é prestar atenção ao que dizem. Quando você recebe retorno negativo, reclamações ou ouve piadinhas cheias de malícia sobre algum aspecto de sua empresa, leve a questão a sério. Envolva-se pessoalmente, pergunte, identifique a seriedade dos problemas.

Ao tomar conhecimento do motivo da insatisfação, tome providências objetivas para atender as necessidades do cliente. Certifique-se de que a questão tenha sido resolvida, para a total satisfação do consumidor.

Não espere um aviso como o da mão escrevendo na parede. Resolva as pequenas queixas antes que elas cresçam e se tornem grandes problemas. Busque a felicidade do cliente, e sua empresa manterá a boa reputação que granjeou.

Segundo o seu entendimento, será louvado o homem,
mas o perverso de coração será desprezado.
Provérbios 12:8

Você age como se fosse dirigir sua empresa para sempre?

Põe em ordem a tua casa, porque morrerás e não viverás.
2Reis 20:1

Ninguém pode dirigir uma empresa para sempre, mas muitos empresários agem como se fossem exceções à regra. Mesmo quando uma doença grave os abate, alguns se recusam a transferir a empresa para outros.

Pode ser que essa falta de visão de futuro seja resultado da dificuldade em admitir que somos mortais, do orgulho (acreditar que ninguém mais tem condições de nos suceder) ou de simples vontade de continuar produtivo. Infelizmente, porém, ao deixar de desenvolver um plano de sucessão, o empresário coloca em risco sua família, bem como seus funcionários.

O homem de negócios prudente aceita a realidade inevitável de que não poderá continuar para sempre, e planeja a venda da empresa ou a indicação e a preparação de um sucessor. Mesmo quando os planos de sucessão estão em andamento, a transferência do controle da companhia de uma geração para a outra pode ser um processo delicado e perigoso. Mas uma coisa é certa: negligenciar o planejamento inevitavelmente conduz ao fracasso.

Os simples herdam a estultícia, mas os prudentes se coroam de conhecimento.
Provérbios 14:18

Você contrata um profissional que não assimila a visão da empresa?

O Senhor buscou para si um homem que lhe agrada.
1Samuel 13:14

Para ser bem-sucedida, uma empresa precisa funcionar como um time. Os jogadores mais eficientes partilham da visão comum do líder.

Quando contratar novos funcionários, defina claramente a missão e a visão da empresa e peça ao candidato para comentar o que pensa daquilo. Escute com atenção a resposta e veja se ele demonstra entusiasmo e interesse. Se você sente que o candidato não assimilou o assunto ou não está sintonizado com sua visão, evite contratar essa pessoa, mesmo que tenha outras excelentes qualidades. Até mesmo o profissional mais talentoso não se encaixa nos planos de uma empresa se não pode abraçar de coração a visão corporativa.

Quando os membros de uma equipe são realmente unidos em volta de um propósito comum, surge uma sinergia que transcende a soma das partes individuais. Escale seu time com cuidado, focado na visão, e sua empresa crescerá rapidamente.

Os gafanhotos não têm rei; contudo, marcham todos em bandos.
Provérbios 30:27

Seu sistema de controle de qualidade é rigoroso?

Então, um homem entesou o arco e, atirando ao acaso, feriu o rei.
1Reis 22:34

Preste atenção aos pequenos detalhes no procedimento de controle de qualidade. Até mesmo os pequenos pontos fracos podem gerar grandes falhas em produtos ou serviços, o que afetará seu relacionamento com os clientes.

Quando surgem problemas, não os considere casos isolados e impossíveis de se repetir, nem os descarte como coisa sem importância, deixando de corrigi-los. O rei de Israel descobriu, tarde demais, que até mesmo as pequenas fendas na armadura podem ser fatais.

Avalie seus sistemas e processos, corrigindo pontos fracos e lacunas. Use você mesmo os produtos e serviços de sua companhia. Desenvolva procedimentos para obter informações sobre a qualidade dos produtos. Preste atenção às pequenas coisas e sua empresa manterá sucesso contínuo.

Os néscios são mortos por seu desvio, e aos loucos a sua impressão de bem-estar os leva à perdição.
Provérbios 1:32

Você gosta de dar palpite em tudo ou só fala quando vale a pena?

Quem é este que escurece os meus desígnios
com palavras sem conhecimento?
Jó 38:2

Quando o gerente ou um colega pede informações ou ajuda para a solução de um problema, não se sinta obrigado a ter todas as respostas. Vá com calma, organize os pensamentos.

Se tiver a solução, fale. Se não souber a resposta ou precisa de mais informações antes de responder, faça perguntas que ajudem a obter as informações que faltam. Não fale só por obrigação. A não ser que tenha informações sólidas e úteis, é melhor ficar calado.

Certa vez, tive um professor que tirava pontos quando encontrava informações irrelevantes. Aprendi rapidamente a deixar em branco o espaço na prova, em vez de *encher lingüiça* numa resposta.

Aprenda a falar apenas quando tiver informações úteis, e os outros apreciarão a sua sabedoria.

Os lábios justos são o contentamento do rei,
e ele ama o que fala coisas retas.
Provérbios 16:13

Você faz planos grandiosos, mas tem dificuldade para executá-los?

Assim, Salomão acabou a Casa do Senhor e a casa do rei; tudo quanto Salomão intentou fazer na Casa do Senhor e na sua casa, prosperamente o efetuou.
2Crônicas 7:11

Muitos gestores têm excelentes planos. Começam bem, mas têm dificuldade para completar os projetos. Salomão, ao contrário, completou com sucesso os seus projetos de construção dentro de pouco mais de vinte anos.

Para que seus projetos continuem no rumo certo até o fim, escreva planos detalhados com uma série de metas em intervalos. Estabeleça marcos que possa atingir todo mês, todo trimestre e todo ano. Estes marcos ajudam a manter os projetos em andamento enquanto trabalhamos na direção de um alvo de longo prazo, e geram uma sensação de realização a cada vez que se constata o progresso.

Prossiga com esforço e firmeza. Antes que perceba, já terá completado os seus projetos de longo prazo.

O preguiçoso não assará a sua caça, mas o bem precioso do homem é ser ele diligente.
Provérbios 12:27

Seu trabalho é sempre o melhor possível?

A obra se vai fazendo com diligência e se adianta nas suas mãos.
Esdras 5:8

Se quiser sucesso na empresa, faça o seu trabalho com diligência, entusiasmo e persistência. Preste atenção nos detalhes, e faça tudo até o fim.

Como gerente, estabeleça procedimentos que orientem os funcionários a realizar suas tarefas com eficiência, eficácia e habilidade. Ofereça incentivo e fale de seu progresso, promovendo a motivação.

Estude e aprenda todos os aspectos importantes dos produtos e serviços que oferece. Estabeleça um padrão de excelência. Assim como você espera que os produtos que adquire sejam bons, certifique-se de que o que você tem a oferecer aos clientes são produtos livres de defeitos.

Faça o melhor que puder e ofereça qualidade superior. Seus clientes continuarão sempre satisfeitos.

Quem é negligente na sua obra já é irmão do desperdiçador.
Provérbios 18:9

Você demonstra interesse em aprimorar seus conhecimentos e suas habilidades?

Esdras era escriba versado na Lei de Moisés.
Esdras 7:6

Se nosso desejo é garantir o sucesso da empresa e desenvolver uma carreira vitoriosa, precisamos nos esforçar para estudar e aprender tudo que for possível sobre nossa área de especialização, investindo tempo para desenvolver as habilidades profissionais necessárias.

Se você é novato no emprego, tome nota durante o treinamento, faça muitas perguntas e se aplique diligentemente a ser um especialista em suas responsabilidades. Assimile a sabedoria valiosa de colegas de trabalho com mais experiência e pergunte o que os ajudou no desenvolvimento de suas próprias carreiras.

Faça todo treinamento possível, matricule-se em cursos que aumentem sua base de conhecimentos e leia revistas especializadas para ampliar os horizontes.

Não invente desculpas para deixar de aprimorar as habilidades e o conhecimento profissional. Seu preparo e sua diligência certamente resultarão em promoções e realização pessoal.

Dai-lhe do fruto das suas mãos,
e de público a louvarão as suas obras.
Provérbios 31:31

Você mantém registro preciso do estoque de sua empresa?

Tudo foi contado e pesado, e o peso total, imediatamente registrado.
Esdras 8:34

É importante manter registros sobre o estoque e o patrimônio de uma empresa para não comprometer a lucratividade. Faça levantamentos regulares e precisos, e não permita que a falta de cuidado no armaze-namento ou negligência no controle prejudique o inventário.

Se falta alguma coisa, não se limite a registrar a diferença — descubra a razão. Os estragos e a redução dos estoques costumam aumentar gradativamente e afetar os lucros.

Crie e mantenha métodos eficientes de evitar furtos. Lembre-se de que cada real perdido por furto ou desaparecimento de material do estoque reduz o resultado das vendas. Deixe claro aos seus funcionários que levar objetos ou suprimentos para casa sem pagar é roubo, e tal prática não pode ser tolerada.

Mantenha um registro preciso do estoque e do patrimônio, bem como de todo o movimento financeiro, e observe como crescem os lucros.

O que trata da figueira comerá do seu fruto; e o que cuida do seu senhor será honrado.
Provérbios 27:18

Seus funcionários assumem a responsabilidade sobre o que fazem?

Levanta-te, pois esta coisa é de tua incumbência,
e nós seremos contigo; sê forte e age.
Esdras 10:4

Deixe claro para seus funcionários: eles são responsáveis por suas incumbências. Insista na importância de eles produzirem os resultados desejados.

Ajudar num momento difícil pode ajudar a motivar um funcionário, mas não cultive o hábito de assumir papéis que devem ser executados por outras pessoas. Cobrir as faltas de membros da equipe só aumenta a dependência em relação a você e reduz a eficiência de todos.

Quando o funcionário deixa de atingir o objetivo, identifique o que precisa ser feito e estabeleça um prazo. Faça tudo que puder para remover obstáculos, mas nunca perca de vista o princípio de que completar a obra é a parte que cabe a ele.

Ofereça treinamento e apoio, e esteja disponível para responder a perguntas, mas não relaxe com sua equipe de trabalho. Para que toda a empresa tenha sucesso, todos precisam cumprir suas responsabilidades fundamentais.

Como vinagre para os dentes e fumaça para os olhos,
assim é o preguiçoso para aqueles que o mandam.
Provérbios 10:26

Quando a empresa passa por dificuldades, você luta ou entrega os pontos?

Abatidos, porém não destruídos.
2Coríntios 4:9

Toda empresa enfrenta períodos difíceis: fuga de clientes, falta de capital de giro, problemas de produção ou disputas entre funcionários, tudo isso pode fazer com que sua empresa passe por dias maus.

O segredo está no modo como você reage. Você é um daqueles sujeitos desanimados, que vivem se queixando quando a coisa complica, ou mantém uma atitude positiva e otimista? Para manter a visão na horas difíceis, pergunte-se: qual seria a pior coisa que pode acontecer como resultado dessa dificuldade? Os problemas isolados raramente acabam com uma empresa, mas quando se repetem ou se acumulam, os resultados podem ser desastrosos.

A melhor reação é agir com firmeza. Identifique o que deu errado. Desenvolva, a seguir, um plano para corrigir a situação no futuro.

Não seja oprimido pelos ventos da adversidade. Aprenda com as circunstâncias mais desafiadoras e torne sua empresa ainda melhor no futuro.

Se te mostras fraco no dia da angústia, a tua força é pequena.
Provérbios 24:10

Você permite que os problemas da empresa estraguem o seu dia?

Em tudo somos atribulados, porém não angustiados; perplexos, porém não desanimados.
2Coríntios 4:8

É inevitável: todo líder empresarial enfrenta desafios, problemas com funcionários, queixas dos clientes e dificuldades na produção. Em algum ponto de sua carreira, você certamente se sentirá oprimido pelas circunstâncias. A maneira de reagir é que fará a diferença. Desperdiçar energias com lamentações não ajuda a situação.

Se os problemas são grandes, identifique três coisas que façam uma diferença positiva de 50%. Em seguida, elabore um plano de ação que envolva a você e sua equipe.

Deixe de lado outras questões menos importantes, e enfrente imediatamente as prioridades. As coisas melhoram quando você resolve primeiro as grandes dificuldades. Depois, identifique as questões menores que tem condições de resolver, e vá descendo a lista de prioridades até ter tudo sob controle.

Tomando decisões firmes. Os problemas serão resolvidos, e você triunfará novamente em sua empresa.

A sabedoria é o alvo do inteligente, mas os olhos do insensato vagam pelas extremidades da terra.
Provérbios 17:24

Caro leitor

Desejamos que este livro tenha correspondido
a suas expectativas.
Para continuar a atendê-lo sempre melhor,
compartilhe suas impressões de leitura desta
obra escrevendo para:
opiniao-do-leitor@mundocristao.com.br

Cadastre-se para receber nossos
informativos no site:
www.mundocristao.com.br

Acesse nosso blog:
http://editorialmc.blogspot.com

Este livro foi composto por LMA Serviços Editoriais Ltda.,
em Agaramond, e impresso pela Imprensa da Fé,
em chamois fine dunas 67g/m², com filmes
fornecidos pela MJ Serviços de Composição.